대한민국 리스크-복지편

불안사회 대한민국,
복지가 해답인가

차례
Contents

복지, 당면한 과제

2011년 후반 한국 사회에서 복지에 관한 관심이 갑자기 높아졌다. '무상급식'을 둘러싼 논쟁이 서울시장 보궐선거로 이어지면서 무상급식을 포함한 복지 이슈가 한국 정치의 핵으로 부각된 것이다. 복지에 관한 정치권과 국민들의 인식이 매우 낮은 상태에서 복지가 정치적 쟁점으로 등장하게 된 것은 예측 불가능한 한국 정치의 돌발적인 속성 때문이었다. 그로 인해 무상급식이 교육감 선거의 쟁점이 되었고, 이에 보수적인 지자체 장들은 무상급식에 반대 입장을 밝히면서 복지가 가장 첨예한 정치적 쟁점으로 부각된 것이다.

정치적인 과정을 통해서 복지가 정치적 이슈로 부각되었지만, 이미 외환 위기 이후 한국 사회의 변화 속에서 사회적 위험이 급속도로 커지면서, 복지의 필요성은 확인됐다. 김대중 정부 시절 IMF가 경제부처와 관료들의 반대에도 불구하고 사회적 안전망을 강화할 것을 정부에 강하게 요구하고 관철시켰던 이유는, 신자유주의 정책이 성공하기 위해서는 그 충격을 완화시킬 수 있는 완충제가 필요하다는 것을 잘 알았기 때문이었다. 1999년과 2000년 여러 복지 프로그램이 도입되었음에도 불구하고 사회 양극화는 더 심화되었고, 빈곤층도 크게 확대됐다. 신자유주의 개혁의 후유증을 해소하기에 김대중 정부의 복지 제도는 턱없이 허술했다. 실업, 근로 빈곤, 고용 불안정 등 다양한 사회적 위험이 크게 증가하면서, 자살자가 급증하는 극단적인 상황이 나타나기 시작했다. 사회적 불안과 불신이 누적되면서 사회적 해체 위기를 보여 주는 여러 사회문제들이 동시다발적으로 나타나기 시작했다.

이명박 정부는 이러한 배경에서 등장했다. 사회적 위험이 민주 정부하에서 더 커졌기 때문에 많은 사람들이 경제 성장 공약을 내세우며 출마한 이명박 후보에게 표를 던졌다. 그러나 몇 년 지나지 않아 많은 유권자들은 자신의 판단이 틀렸다는 것을 확인하게 됐다. 경영자 출신이라고 해서 나라의 경제를 제대로 운영하는 것은 아니라는 것을 확인하게 됐다. 기업의 논리와 국가의 논리가 다르다는 것을, 기업은 국민을 생각하지 않고 자본에는 국적도 국민도 중요한 요소가 되지 않는다는 사실을 많은 비용을 지불한 후 깨닫게 된 것이다.

그런데 한국은 국민 차원에서 선진국이 될 준비가 되어 있는가? 아직도 한국이 선진국으로 도약하는 데 필요한 국민적 토대는 부족하다. 왜 그런가? 단적으로 말해, 경제가 발전한다고 해서 사회가 발전하는 것은 아니라는 점을 이해하는 데까지 국민들의 인식이 나아가지 못했기 때문이다. 미국은 경제 규모 면에서 가장 강력한 경제 대국이다. 그러나 미국 국민의 삶의 질은 형편없이 낮다. 미국의 기업과 부유층은 세계적인 수준의 부를 누리고 있지만, 다수의 미국인들은 빈곤과 질 낮은 환경 탓에 하루하루 어렵게 살아가고 있다.

미국의 치부는 2009년 허리케인 카트리나가 미국 남부 도시 뉴올리언스를 강타하면서 드러났다. 심각한 빈곤 사회가 미국 안에 크게 자리 잡고 있음이 자연재해를 통해서 만천하에 드러났던 것이다. 미국은 선진국 가운데 압도적으로 높은 불평등 수준과 빈곤율을 보여 주고 있다. 예를 들어, 사보험 중심 의료제도로 인해 아파도 의료보험이 없어서 병원에 갈 수 없는 의료 빈민이 2010년에 전체 인구의 16.3%인 4,990만 명에 달할 정도로 심각한 수준이다.[1] 복지 수준 역시 오히려 한국만도 못한 부분이 많아서, 1980년대 이후 미국은 공화당 정부하에서 대중의 복지는 퇴보하고 오직 소수 부유층만이 살기 좋은 나라로 바뀌었다.

일본의 예도 충격적이다. 일본과 스웨덴은 세계적인 장수 국가들이지만, 두 나라 노인들의 삶은 천양지차를 보인다. 일본에서는 퇴직 후 30년 이상을 자신이 일해서 벌어 놓은 돈으로 살아야 한다. 소비 대신 저축에 치중하면서 일본 경제는 내수 부족으로 만성적인 디플레이션 현상을 보이고 있다. 경제성장기에 경제 대국에 걸맞은 복지 제도를 마련하지 못하여 후진적인 복지가 경제를 가로막는 결과가 나타났다. 국가 복지 대신 기업 복지가 더 발달하여, 전체 국민을 대상으로 하는 국가 복지 제도는 유럽에서 가장 낙후된 남유럽과 비슷하다. 복지 지출은 남유럽보다도 더 낮은 수준이라, 복지 후진국이라고 볼 수 있다.[2]

국민 모두의 삶의 질이 높은 사회가 선진국이라면 경제 발전만으로 삶의 질이 높아질 수는 없다. 삶의 질이 높아지기 위해서는 사회 발전이 이루어져야 한다. 실업, 빈곤, 질병, 산업재해 등으로 인한 사회적 위험이 줄어들고, 사회적 위험에 대처할 수 있는 다양하고 세밀한 제도적 장치가 마련돼야 사회적 위험으로부터 국민들이 보호될 수 있다. 경제 대국 미국과 일본은 이러한 부분에 관심도 적었다. 게다가 시장이 이러한 문제들도 해결해 줄 수 있을 것이라는 믿음에 기초하여 정책을 펴면서, 심각한 위기 사회가 됐다.

이 책은 한국 사회가 어떤 사회적 위험을 안고 있는지를 살펴보고, 그러한 위험에 대응하기 위한 복지 제도를 살펴보려 한다. 문제 해결을 위해서는 국민들 스스로 잘 알고 있어야 한다. 정부가 국민의 요구를 알아서 해결해 줄 것이라는 믿음은 더 이상 통하지 않는다. 정부나 정치권은 조직 내적인 관료주의 논리에 익숙하여 외부의 급격한 사회 변화에 대해서 둔감할 뿐더러 책임지려고도 하지 않는다.

민주주의가 발전하여 국민의 정치참여가 활성화되고 국민이 자신들의 삶에 영향을 미치는 정치와 정책에 관심을 갖게 될 때, 민주주의도 더욱 발전하고 국민의 삶의 질도 높아질 수 있다. 정부가 국민 위에 군림하는 것이 아니라 국민의 통제하에 놓이게 될 때 진정한 '국민의 정부(government by the people)'가 될 것이다. 그리고 국민의 정부가 될 때 정부는 진정한 '국민을 위한 정부(government for the people)'가 될 수 있을 것이다.

　국민과 정부 간에 내용 있는 소통을 위해서는 집단지성이 더욱 강조될 필요가 있다. 여기에 담은 내용도 이러한 집단지성의 산물이다. 여러 사람이 공동으로 저술했다는 의미에서가 아니라, 국내외 여러 사람들이 축적해 놓은 지식과 정보가 여기에 담겨 있다는 점에서 집단지성의 산물이다.

고도성장의 빛과 그림자

 오늘의 한국 사회 현실은 지난 반세기 동안 이루어진 산업화, 민주화 그리고 세계화의 복합적인 산물이다. 1960년대 중반부터 급격히 진행된 산업화는 한국인의 삶을 근본적으로 바꾸어 놓았다. 인류 역사상 유래를 찾기 힘든 급격한 산업화만큼이나 사회 변화도 급격하고 심대하게 이루어졌다.[3] 경제성장을 이룩하면서 생활양식과 음식의 변화로 인해 한국인의 신장이 서구 수준에 이르렀고, 2000년대 들어서 수명도 독일이나 프랑스 수준으로 길어졌다. 그러나 한국 사회에는 긍정적인 변화 못지않게, 급속한 경제성장으로 후유증으로 예상하지 못한 부정적인 변화들도 다양하게 나타났다.

 한국은 세계 최초로 지난 10여 년 사이에 두 차례의 경제 위기를 경험했다. 1997년 말의 외환 위기와 2008년 금융 위기는 전혀 예측하지 못한 상태에서 도래한 충격적인 경제 위기였다. 1996년 한국이 선진국 클럽인 OECD에 가입하면서, 한국의 경제성장기에 만들어진 관치경제의 모순들이 일시에 드러났다. 정경유착을 통해서 성장한 재벌기업들이 대거 도산했다. 그리고 그 결과로 대량실업이 발생했다. 대기업은 망하지 않는다는 대마불사 신화가 무너지면서 전대미문의 대량실업이 발생했다. OECD 가입으로 세계경제에 편입되면서 치른 혹독한 '세계화의 대가'였다. IMF 구제금융 지원을 통하여 기사회생하였지만, 2008년 미국의 서브 프라임 모기지 사태에서 시작된 금융 위기와 이명박 정부의 정책적 대응의 결과 고용 문제와 경제 양극화는 더욱 심화됐다.

두 차례의 경제 위기를 계기로 기업조직, 노동시장, 가족 등의 영역에서 큰 변화가 일어났을 뿐만 아니라, 개인들의 일과 일상생활도 크게 변했다. 50대 전후로 조기퇴직이 많아지면서, 장년기 고용문제가 악화되었고 평생직장 개념도 사라졌다. 직장과 직업을 바꾸는 것이 흔한 일이 되어 버렸다. 노동시장에서도 비정규직이 급증하면서 장년기 남성들의 고용불안과 소득불안정이 심화됐다. 사회적 안전망이 취약한 상태에서 개인이나 가족의 사회적 위험이 크게 증가한 것이다.

1970년대와 1980년대 고도 경제성장기에 나타나지 않았던 새로운 사회문제들이 일, 가족생활, 사회생활 전 영역에서 한꺼번에 드러나기 시작했다. 두 차례의 경제 위기는 수면 밑에 잠

겨 있던 수많은 사회문제들을 수면 위로 드러나게 만들었다. 이제 거시경제 수준에서 한국 경제는 위기 이전 수준으로 회복이 되었지만, 여러 가지 사회 변화는 이전으로 되돌릴 수 없을 뿐만 아니라 변화는 더욱 늘고 있다. 이러한 변화들 가운데 대단히 부정적이고 병리적 현상들이 많다는 점은 21세기 한국 사회가 해결해야 할 심각한 사회문제가 되었다.

최근 우리가 경험하는 다양한 사회병리 현상은 외부로 드러난 것이지만, 이러한 병리적 현상을 만들어 내는 제도와 개인과 집단 간의 관계는 외부로 잘 드러나지 않는다. 그런 점에서 병리적 현상의 진단과 극복이 매우 어렵다. 사회병리적인 현상은 궁극적으로 개인을 통해서 드러나지만, 개인의 행위는 특정한 제도 속에서 개인과 개인이 속해 있는 집단의 상호작용의 산물이라는 점에서 제도와 상호작용의 메커니즘을 분석하는 것이 필요하다. 그리고 궁극적으로 행위 주체인 개인의 심리적, 정서적 상태에 대한 논의가 요구된다.

먼저 여기에서는 두 차례 경제 위기 이후 이루어진 급속한 제도적 변화가 촉발시킨 부정적인 결과로서 사회양극화 문제, 그리고 일과 삶의 구조적 전환을 중심으로 한국 사회의 변화를 분석한다. 경제적인 변화는 연쇄반응을 일으켜 개인과 가족의 생애 전 과정에 영향을 미쳤다. 교육, 취업, 결혼, 퇴직, 노후 생활 등 일과 생활 및 생계에 일대 변화를 만들어 냈다. 사회양극화는 경제적인 격차의 확대에 그치지 않고, 다양한 사회병리 현상을 낳았다. 사회가 얼마나 건강한지, 혹은 건강하지 못한지를 알 수 있는 객관적인 방법은 '비교'이다. 따라서 비교라는 거울을 통해서 우리가 살고 있는 사회가 어떤 사회인지를 파악하고, 사회과학적인 이해를 넘어서 사회병리 현상을 해결하기 위한 정책 방안을 복지 제도를 중심으로 논의하고자 한다. 사회병리 현상의 대부분은 복지의 저발전에 따른 산물이기 때문이다.

후발 산업국이자 후발 민주화 국가인 한국은 후발 복지국가이기도 하다. 산업화에는 어느 정도 성공했지만, 민주주의가 뿌리를 내리기 위해서는 아직도 많은 정치적 변화와 시민의식의 변화가 필요하다. 복지 제도는 그야말로 후진적이다. 외환 위기 이후 사회적 안전망 확충 차원에서 새로운 제도가 도입되었지만, 비교적인 관점에서 보자면 한국은 많은 제3세계 국가들보다 복지 제도가 덜 발전했다. 한국은 2011년 가구당 GDP 1만 9,000달러를 자랑하고 있지만, 공공복지 지출은 가구당 5,000달러 수준인 멕시코와 비슷한 수준인 7%대에 불과하여, 6,000달러 수준인 터키의 10%대보다도 훨씬 낮은 수준이다.[4]

한국의 후진적인 복지 제도는 경제발전 수준의 문제가 아니라 복지에 대한 관심과 복지에 대한 인식 부족에서 연유한다. 지금까지 정치권뿐만 아니라 사회에서 복지의 필요성과 복지의 의미에 대한 인식이 제대로 형성되지 못했다. 정부는 복지를 경제가 발전하여 여유가 있을 때에 하는 것 정도로 이해했다. 국민들은 복지를 어려운 사람에게 도움을 주는 시혜 정도로 이해했다. 복지 서비스가 현대 국가가 국민들을 대상으로 제공해야 할 가장 중요한 서비스이며, 현대 국가에서 복지 혜택은 모

11

든 시민들이 누리는 정치적 권리라는 인식이 부재했다. 한마디로 복지 의식, 복지 정치, 복지 정책이 제대로 형성되지 못했다.

복지국가는 다양한 사회적 위험으로부터 국민을 보호하는 국가이다. 현대 사회의 사회적 위험은 범죄, 실업, 빈곤, 장애, 질병 등을 포함한다. 전통적인 국가의 국방이 외부의 적으로부터 국민을 보호하는 것이라면, 현대적인 국가의 국방은 외부로부터의 위험뿐만 아니라 내부로부터 발생하는 위험으로부터도 국민을 보호하는 것이다. 그런 점에서 복지는 현대적인 의미에서 국방의 일부라고 할 수 있을 것이다. 지금까지 역대 정부들은 국민을 보호하는 국방의 의무를 제대로 수행하지 못했던 것이다.

경제 위기와 사회적 위험

사회양극화: 불평등과 빈곤 문제

1997년 12월 외환 위기로 촉발된 경제 위기를 극복하기 위한 이후의 경제 개혁은 한국 사회의 기본 틀을 크게 바꿔 놓았다. 비정규직 취업, 조기퇴직 등 이전에는 없었던 새로운 변화가 노동시장에서 일어났다. 외환 위기 이후 IMF의 요구를 받아들여 경제 회복을 위한 방안으로 노동시장 유연화라는 신자유주의 경제 정책의 핵심을 받아들인 결과로 정리해고와 비정규직 고용이 크게 늘어났고, 실업과 고용불안이 새로운 사회적 위험으로 대두됐다. 이것은 개인과 가족의 경제적 불안정의 증대로 이어졌다. '오륙도' '사오정' '삼팔육' 등 조기정년과 실직을 일컫는 여러 가지 자조적인 용어들이 등장했다.

노동시장의 변화 역시 많은 한국인들의 표준적인 생애과정을 붕괴시켰다. 산업화 시기 동안에는 대개가 청소년기 교육 과정 이후 20대 중후반에 취업 및 결혼, 30~40대에 자녀 출산과 승진, 50대 중후반에 자녀 결혼, 50대 후반에 퇴직으로 이어지는 근대 산업사회의 표준적인 생애과정이 형성됐다. 이러한 생애과정은 많은 한국인들에게 성공적인 중산층이 되는 길로 여겨졌다. 많은 한국인이 교육에 대해서 지나칠 정도로 높은 관심을 갖게 된 이유도 표준적인 생애과정을 겪게 되는 일차적인 과정이 바로 교육을 통해서 이루어진다고 믿었기 때문이다.

그러나 1997년 이후 직장 내 승진이 어려워지고 정년까지 동일한 직장에서 일할 가능성이 크게 줄어들면서 평생직장이라는 말도 사라졌다. 노동시장의 유연성이 커지면서 빈번한 취업과 이직 및 실직, 재취업, 그리고 조기퇴직 등 다양한 고용상의 변화가 나타났다. 한 개인의 의지나 의사와는 무관하게 이루어지는 이러한 변화가 오늘날 유연화된 한국의 노동시장 상황을 압축적으로 보여 준다. 이러한 현실은 고용의 지속성과 안정성을 보여 주는 지표인 평균 근속기간을 통해서도 잘 드러난다. 〈표 1〉은 OECD 국가들에서 고용주가 바뀌지 않고 지속되는 피고용자 평균 근속연수를 보여 준다. 유럽의 경우 2000년대 많은 나라들이 10년 내외의 평균 근속연수를 보여 주고 있고, 일본도 12.0년의 평균 근속연수를 보이고 있지만, 한국의 평균 근속연수는 미국의 4.9년보다 더 짧은 4.5년으로 나타났다. 이는 한국의 고용 안정성이 OECD 회원국들 가운데 가장 낮다는 사실을 보여 준다. 특히 여성의 경우 평균 근속연수는 2.9년으로, 다른 OECD 국가와 비교해서 극단적으로 낮았다. 이로써 한국의 노동시장은 일본보다는 미국에 더 가까운 형태를 보인다는 것과 한국에서 고용불안정 문제가 대단히 심각한 수준에 이르렀음을 추론할 수 있다.

한국에서 근속연수가 대단히 짧다는 사실은 한국에서 상대적으로 비정규직의 비율이 높다는 사실과 연관되어 있다. 임시직이나 일용직과 같은 비정규직 취업뿐만 아니라 파견근로나 계약직과 같은 비표준적 고용의 증가로 평균적인 근속연수가 낮아졌다. 특히 여성의 경우 고용 불안정성이 높아서 전반적으로 경력을 관리할 수 있는 직종이 아니라 주로 판매 서비스, 음식 및 숙박 서비스, 개인 서비스 등 서비스 업종에 고용이 집중되어 근속연수가 극단적으로 짧게 나타났다.

노동시장의 변화는 연쇄 반응을 일으켜 사회 전체의 변화를 촉발시켰다. 청년층 고용 기회의 감소와 양질의 일자리 감소가 비정규직 채용의 급증으로 이어지면서, 평생직장 개념이 사라지고, 잦은 일자리 이동이 나타났다. 29세 이전까지 취업 경험이 있는 사람들 가운데 두 번 이상 취업 경험이 있는 사람의 비율이 2010년에 무려 62.5%에 달했다. 사무직 종사자나 전문직 종사자들 가운데서도 이동을 경험한 사람들은 각각 24.6%, 17.8%로 매우 높았다(박진희·김용현, 2010, p.44).

대학졸업 후 본격적으로 경제활동을 하는 시기에 해당하는

	전체	남	여
호주	10.9	11.9	9.8
벨기에	12.2	12.8	11.6
덴마크	8.7	9.3	7.9
핀란드	10.6	11.0	7.6
프랑스	12.0	12.1	11.9
독일	11.1	11.8	10.2
이태리	12.3	12.8	11.4
네덜란드	11.4	12.5	9.9
노르웨이	8.6	9.2	7.8
스페인	9.7	10.5	8.5
스웨덴	10.9	10.8	11.1
일본	12.0		
영국	8.8	9.5	7.9
미국	4.9	5.0	4.8
한국	4.4	5.6	2.9

〈표 1〉 OECD 국가별 근속연수 비교(2006년 기준이며 유럽 자료 출처는 OECD, StatExtracts(http://stats.oecd.org/Index.aspx? DatasetCode= LMPEXP), 미국 자료 출처는 Copeland, 2007, p.2, 한국 자료는 2007년 기준이며 출처는 신광영, 2011, p.126).

20대 후반기에 안정된 일자리를 갖는 것은 생애과정에서 대단히 중요하다. 개인적인 차원에서 이 시기의 안정된 일자리는 결혼과 출산, 자녀 양육 등과 관련된 생애과정과 곧바로 연결되기 때문이다. 그렇지만 이 시기에 안정된 일자리를 갖고 있는 비율은 2010년 5월 현재 43.5%에 불과한 것으로 나타나, 과반수의 청년들이 경제활동상의 불안정뿐만 아니라 생애과정의 불안정을 겪고 있다(박진희·김용현, 2010, p.51). 특히 나이가 강력한 사회조직 원리로 작용하고 있는 한국 사회에서 취업이 몇 해 늦어지는 경우, 직장 내에서 연령위계가 부적절하게 작동하여 직장 내에서 여러 가지 형태의 심리적 갈등과 불협화음을 겪을 수 있다. 그러므로 한국 사회에서 제때 안정된 일자리를 갖지 못하는 경우, 취직을 한 이후에도 상당한 심리적 좌절감과 부담을 피할 수 없게 된다.

1997년 외환 위기 직후 실업자가 폭증하고, 저임금 비정규직 채용이 급증하면서, 한국의 비정규직 고용 비율은 OECD 최고 수준으로 높아졌다. 그리고 잦은 직업 및 직장 이동으로 인해 경력 축적이 더 어려워졌다. 그것은 곧바로 저임금 노동자들의 급증과 소득불평등 악화로 이어졌다. 현재 한국은 미국과 멕시코를 제외한 OECD 국가들 가운데 소득불평등이 가장 심한 사회로 변했고, 저임금 노동 비율도 급격히 높아져서 OECD 국가들 가운데 미국 다음으로 높은 수준을 보여 주고 있다. 결과적으로 이러한 변화는 2000년대 사회양극화라는 한국 사회의 새로운 사회문제를 낳았다.

소득격차를 보여 주는 1분위/9분위 소득계층의 소득비율은 2007년 4.74배로, OECD 국가들 가운데 미국의 4.85배 다음으로 가장 높았다. 1분위/5분위 소득비도 2.08배로 미국의 2.11배 다음으로 높아서 상위 소득자와 중간 소득자 간의 소득격차도 대단히 컸다. 그리고 OECD 국가들 가운데 남성과 여성의 임금 격차가 가장 컸다. 이것은 임금 격차만으로 그치는 것이 아니라, 여성으로 하여금 경제 활동 참가 자체를 꺼리게 하는 동기억제(disincentive) 역할을 한다는 점에서 구조적인 사회문제라고 볼 수 있다.

전반적인 소득불평등 수준이 높아지면서 빈곤층 비율도 높게 나타났다. 2009년 OECD 고용보고서에서 한국의 빈곤층 비율은 OECD 국가들 가운데 가장 높아서, 2009년 현재 미국의 24.5%보다 1.1% 포인트 더 높은 25.6%를 보여 주었다

국가	비율			젠더 임금 격차	저임금 비율
	1분위/9분위	5분위/9분위	1분위/5분위	남성/여성	남성/여성
	1997/2007	1997/2007	1997/2007	남성/여성	남성/여성
호주	2.95 / 3.31	1.82 / 1.94	1.62 / 1.71	15 / 15	12.4 / 16.0
오스트리아	– / 3.27	– / 1.93	– / 1.75	23 / 22	– / 16.2
벨기에	2.39 / 2.43	1.70 / 1.74	1.41 / 1.39	15 / 10	– / 6.3
체코	2.77 / 3.11	1.76 / 1.87	2.00 / 1.96	25 / 21	21.9 / 22.0
캐나다	3.53 / 3.75	1.68 / 1.80	1.65 / 1.72	21 / 20	14.6 / 16.8
덴마크	2.44 / 2.69	1.69 / 1.74	1.45 / 1.55	13 / 9	7.7 / 12.0
핀란드	2.38 / 2.55	1.92 / 1.76	1.41 / 1.45	21 / 21	4.6 / 7.9
프랑스	3.06 / 2.91	1.83 / 1.98	1.59 / 1.47	10 / 12	– / –
독일	2.87 / 3.26	2.17 / 1.73	1.56 / 1.89	24 / 23	12.1 / 17.5
헝가리	4.17 / 4.56	2.02 / 2.34	1.92 / 1.94	18 / 0	20.4 / 23.1
아일랜드	3.93 / 3.78	1.85 / 2.03	1.95 / 1.86	22 / 18	21.9 / 21.7
일본	3.01 / 3.06	1.92 / 1.86	1.63 / 1.65	37 / 32	20.4 / 15.4
한국	3.72 / 4.74	1.72 / 2.27	1.93 / 2.08	41 / 38	15.2 / 25.6
네덜란드	2.82 / 2.91	1.71 / 1.76	1.64 / 1.65	22 / 17	22.9 / –
뉴질랜드	2.72 / 2.94	1.42 / 1.84	1.59 / 1.60	13 / 7	14.6 / 12.9
노르웨이	1.95 / 2.11	2.00 / 1.47	1.37 / 1.44	– / –	– / –
폴란드	3.54 / 4.21	2.10 / 2.14	1.76 / 1.95	18 / 10	18.6 / 23.5
스페인	4.22 / 3.53	1.61 / 1.67	2.01 / 1.65	29 / 17	15.2 / 16.2
스웨덴	2.21 / 2.31	1.38 / 1.81	1.38 / 1.38	17 / 15	5.7 / 6.4
스위스	2.41 / 2.65	1.60 / 1.98	1.51 / 1.47	25 / 19	– / –
영국	3.42 / 3.59	1.86 / 1.81	1.84 / 1.81	26 / 21	20.5 / 20.5
미국	4.62 / 4.85	2.20 / 2.31	2.10 / 2.11	24 / 20	24.9 / 24.5
OECD 22개국	3.08 / 3.30	1.83 / 1.92	1.62 / 1.70	21 / 18	15.3 / 16.6

〈표 2〉 OECD 국가별 노동소득불평등, 젠더 임금 격차와 저임금 비율
(OECD, *OECD Employment Outlook 2009*, p.274).

(OECD, 2009). 취업을 해서 일을 하고 있더라도 생계유지가 어려운 근로자가 전체의 1/4 정도라는 점에서 현재 한국의 노동시장 문제가 심각한 수준임을 알 수 있다. 실업으로 인해 소득이 없어서 빈곤에 빠지는 상태가 일반적인 빈곤인 반면, 일을 함에도 불구하고 빈곤층에서 벗어날 수 없다는 것은 개인들에게 절망감을 불러일으키는 요인이 되고 있다.

노력한 만큼 잘살 수 있다는 생각은 자본주의 사회를 지탱하는 중요한 가치관 중의 하나이다. 중세 신분사회처럼 태어날 때부터 죽을 때까지 신분이 고정되어 있는 것이 아니라, 자신의 노력과 능력을 통해서 경제적 지위 상승을 이룰 수 있다는 사실은 개방적이고 자유로운 현대 사회의 가장 큰 특징으로 인식됐다. 그리고 그것을 제도적으로 실현시키기 위하여 기회의 균등과 빈곤층에 대한 복지 제공을 통한 다양한 국가 제도들이 20세기에 만들어졌다.

근로 빈곤층의 문제는 일을 하고 있지만 생계가 불가능하다는 데 있다. 일에 대한 보상이 낮기 때문에 일을 통해서 생계유지가 안 된다. 대표적으로 비정규직의 임금 수준이 상당 부분 이러한 문제를 낳고 있다. 2011년 8월 현재 전체 피고용자의 34.5%를 차지하고 있는 599만 5,000명의 비정규직(통계청, 2011e, p.2) 노동자들은 정규직 노동자의 평균 월급 238만 8,000원의 56.4%에 해당하는 134만 8,000원을 받고 있다. 비정규직 노동자들 가운데, 약 243만 명의 파견, 용역, 호출 근로자들의 경우 평균 월급은 132만 1,000원으로 비정규직 평균 월급보다 더 낮았고, 170만 명 정도인 시간제 근로의 경우 평균 월급은 60만 4,000원으로 더더욱 낮았다.

저임금 근로자의 문제가 단순히 낮은 임금에만 있는 것은 아니다. 그보다 문제는 그들이 포괄적인 사회적 보호에서 벗어나 있다는 데 있다. 근로빈곤층 가운데 국민연금의 울타리에서 사실상 벗어나 있는 이들이 37.8%에 달했다. 이들을 좀 더 구체적으로 살펴보면, 소득이 낮아서 연금 보험료를 내기 어렵거나 아예 소득이 없는 납부예외자가 17.5% 그리고 연금 미가입 가구가 17.1%였다. 낮은 소득으로 인해 3개월 이상 보험료를 내지 못한 가구도 3.2%였다. 또 빈곤층 중 가입 연령층(18세 이상 60세 미만)이 아니거나 이미 연금을 받은 비율이 50.1%에 달했다. 결국 전체 근로빈곤층 중 국민연금 가입가구는 12.1%에 불과하여, 국민연금이 사회보장제도로서의 기능을 제대로 수행하지 못하고 있다는 것을 알 수 있다(노대명, 2009).

희망 격차

2011년 통계청이 실시한 조사에서 "한국에서 일생동안 노력을 한다면, 경제적 지위가 높아질 가능성이 높다."고 생각하는 사람들의 비율은 28.8%에 지나지 않았다. 〈표 3〉에서 볼 수 있듯이, 그것은 2009년 35.7%에 비해서 무려 6.9%나 줄어든 수치였다. 반면, 가능성이 낮다는 응답은 58.7%로 2009년 48.1%에서 10.6%나 높아졌다(통계청, 2011).

(단위 : %)

		높다			낮다			모르겠다
		계	매우	비교적	계	비교적	매우	
	2009*	35.7	2.3	33.4	48.1	35.3	12.8	16.2
	2011	28.8	2.1	26.7	58.7	42.9	15.9	12.5
계층의식	상층	65.3	15.4	49.9	30.0	26.1	3.9	4.7
	중층	35.9	2.2	33.7	56.3	46.8	9.5	7.8
	하층	18.9	1.4	17.5	62.8	39.0	23.8	18.3

〈표 3〉 본인 세대 계층 이동가능성 설문(통계청, 2011). *는 조사 대상이 15세 이상 인구임.

더 먼 미래에 해당하는 다음 세대에 거는 기대도 크게 낮아졌다. 다음 세대에 계층 이동의 가능성이 높다고 생각하는 사람들보다 낮다고 생각하는 사람들이 더 많았다. 〈표 4〉에서 볼 수 있듯이, 본인 세대에 비해서 다음 세대 계층 이동의 가능성이 높다고 생각하는 사람들의 비율이 12.9% 더 높아서 41.7%에 달하였지만, 계층 이동 가능성이 없다고 대답한 사람들의 비율이 42.9%로 더 높게 나타났다. 2년 전에 비해서 다음 세대 계층 이동 가능성에 대한 믿음은 무려 두 해 사이에 6.7%나 떨어졌다. 더욱이 하층에서 다음 세대 계층 이동의 가능성이 낮다는 응답이 45.4%로 높게 나타나서 미래에 대한 비관적인 견해가 팽배해 있음을 알 수 있다. 희망에 있어서도 격차가 존재한다는 점에서 현재 한국 사회에서는 '경제 격차 사회'를 넘어서 '희망 격차 사회'가 됐다고 볼 수 있다.

(단위 : %)

		높다			낮다			모르겠다
		계	매우	비교적	계	비교적	높다	
	2009*	48.4	4.6	43.8	30.8	24.5	6.3	20.9
	2011	41.7	4.0	37.7	42.9	33.4	9.6	15.4
계층의식	상층	59.3	13.7	45.6	32.4	30.0	2.5	8.2
	중층	48.8	4.7	44.0	41.2	34.7	6.5	10.1
	하층	32.8	2.8	30.0	45.4	31.9	13.4	21.9

〈표 4〉 다음 세대 계층 이동가능성 설문(통계청, 2011). *는 조사 대상이 15세 이상 인구임.

사회해체

타살과 자살

살인은 모든 사회에서 범죄로 취급하고 있는 중대한 범죄행위이다. 인위적인 방식으로 타인의 생명을 앗아가는 행위는 용서할 수 없는 범죄로 가장 중한 처벌의 대상이 된다. 자살도 자신의 생명을 인위적으로 앗아가는 행위라는 점에서 살인에 해당하는 중한 범죄 행위이다. 다만, 범죄행위자를 처벌하지는 못한다. 자살 역시 모든 사회에서 금기시하는 범죄 행위로 다루어진다. 공격성이 외부로 향하지 않고 자기 자신을 향한다는 점에서 타인에게 피해를 주지는 않지만, 자신과 가족에게 심대한 충격과 피해를 가져온다는 점에서 중대한 문제라고 볼 수 있다.

한국은 자살률이 세계에서 가장 높은 나라 중의 하나이다. 〈표 5〉는 2008년 여러 나라의 살인율을 보여 준다. 한국의 경우, 2008년 기준 인구 10만 명당 살인율이 2.2명으로 유럽 국가들이나 일본보다는 훨씬 높지만, 미국, 필리핀과 러시아보다는 낮다. 미국, 필리핀, 러시아 등은 총기 소유와 그에 따른 강력 범죄가 많이 일어나는 사회라는 점에서 치안이 잘 유지된 사회라고 보기는 힘들다. 대체로 일본과 유럽에서 살인율은 한국의 1/3~1/5 수준에 불과하다. 그만큼 사회가 안정되어 있다는 것을 의미한다.

반면 한국의 자살률은 인구 10만 명당 21.8명으로 살인율의 거의 9배에 달했다. 2008년 일본의 자살률은 인구 10만 명당 24.4명으로 1위를 차지하였고 살인율보다 무려 49배 더 높았다. 그다음은 헝가리의 21.5명으로 한국 다음으로 3위를 차지했다. 미국의 자살률은 11.2명으로 살인율보다 2배 이상 더 높았다. 한국, 일본, 헝가리 세 나라가 공통적으로 살인율보다 자살률이 대단히 높은 국가군에 속한다.

국가	한국	일본	헝가리	미국	필리핀	러시아	덴마크	노르웨이	스웨덴	영국	호주	독일
살인율	2.3	0.5	1.5	5.2	6.4	14.2	1.4	0.7	0.9	1.2	0.6	0.8

〈표 5〉 2008년 살인율 비교(http://www.unodc.org/documents/data-and-analysis/IHS-rates-05012009. pdf, 2011년 접속).

과거 한국에서 자살은 대단히 예외적인 일로 간주되었고, 대단히 흔치 않은 사건이었다. 그러나 외환 위기 이후 고용불안과 소득불안정이 커지면서 개인과 가족과 사회가 불안해졌다. 더구나 2008년 두 번째 경제 위기를 겪으면서, 하루 평균 40명이 자살하여 한국은 OECD 국가들 중 자살률이 가장 높은 국가가 됐다(OECD, 2009a, p.29). 자주 보도되는 개인 자살이나 집단 자살은 이제 일상적인 사회현상이 됐다. 1990년 3,157명이었던 전체 자살자 수는 외환 위기 이후 급증하였고, 2000년대 들어서도 지속적으로 증가하여 2006년에 이르러서는 10,688명으로 1990년에 비해서 3배 이상 증가했다. 또한 자살률도 지속적으로 증가하여 2009년 인구 10만 명당 자살자는 21.5명으로 1위에 올라섰고, 2011년에는 24명으로 더욱 높아져서, OECD 평균 11명보다 무려 2배 이상 높았다. 이것은 또한 1991년 인구 10만 명당 자살률 7.6명에서 3배 이상 증가한 것이다. 같은 기간 OECD의 평균 자살률이 14.4명에서 11.4명으로 줄어든 것과는 대조적으로 한국에서는 자살률이 급증한 것이다. 한국 다음으로 자살률이 높은 사회는 헝가리이다. 체제 전환을 겪으면서 극심한 정치적, 경제적 혼란을 경험했기 때문에 상대적으로 자살률이 높다. 그러나 헝가리에서도 1990년대 들어서 점차 자살률이 낮아지고 있다. 체제 이행을 겪은 1983년 자살률은 인구 10만 명당 43명으로 정점을 이루었고, 1991년에도 34명으로 여전히 대단히 높은 수준이었지만, 2005년에 이르러 21명으로 줄어들었다. 같은 시기 자살률이 높아진 나라는 한국밖에 없었다. 자살이 전 세계적으로 줄어드는 추세를 보였지만, 외환 위기 이후 한국에서는 오히려 계속해서 높아졌다는 사실은 그만큼 외환 위기의 사회적 충격이 심각한 수준에 이르렀다는 것을 보여 준다. 거시경제 지표가 이전 상태로 회복된 이후에도 자살은 계속해서 늘어났기 때문에 2000년대 들어서서 자살은 한국 사회의 대표적인 사회문제가 됐다.

비교적인 관점에서 본 한국 사회의 자살률 증가 추이는 〈그림 1〉이 잘 보여 준다. 〈그림 1〉은 1990년부터 2006년까지 16년 동안 OECD 주요 국가들의 자살률 변화 추이를 보여 주고 있다. 대부분의 OECD 국가들에서 자살은 감소 추세를 보였다. 서유럽 국가들에서 자살을 예방하기 위한 각종 프로그램들과 상담제도가 강화되면서, 자살이 지속적으로 줄어들었다. 자살률이 증가한 폴란드, 포르투갈, 일본, 멕시코, 한국 등은 모두 경제 위기와 장기 침체를 겪은 국가들이다. 경제 위기가 단순히 경제영역의 문제로 그치지 않고 사회 위기로 이어졌기 때문에 이들 나라들에서 자살률이 크게 높아졌다. 이들 나라들의 공통점은 경제 위기의 부정적인 효과를 차단할 수 있는 사회복지 제도가 빈약하다는 점이다. 그러므로 경제 위기가 곧바로 사회 위기로 전환되었던 것이다. 아시아 국가인 한국과 일본에서 자살률이 증가한 것도 동일한 양상을 보여 준다. 한국은 지속적인 경제성장기에는 자살률이 매우 낮은 수준이었지만, 1990년대 경제 위기를 겪으면서 크게 증가했다(은기수, 2005; 신동준, 2004).[5]

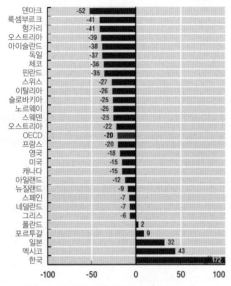

(단위 : %)

〈그림 1〉 OECD 국가별 자살률 변화(OECD, 2009b, p.29).

한국의 자살률을 연령별로 살펴보면, 한국 사회가 안고 있는 어두운 부분이 더욱 더 잘 드러난다. 〈그림 2〉는 연령별로 자살률의 차이가 뚜렷하게 다름을 보여 주고 있다. 한국의 자살률은 10대~50대 전반까지 다른 OECD 국가들과 큰 차이를 보이지 않았지만, 50대 후반부터 급증 현상이 나타나 대단히 다른 양상을 보이고 있다. 50대 후반~60대 초반 자살률은 OECD 평균의 3배(42.7 대 14.5)로 높아졌고, 65~74 연령 세대에는 자살률이 더욱 높아져서 OECD 평균의 5배(81.8 대 16.4)에 달하였으며, 75세 이상의 경우는 OECD 평균의 무려 8.5배

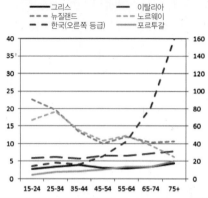

그리스   이탈리아
뉴질랜드   노르웨이
한국(오른쪽 등급)   포르투갈

〈그림 2〉 2007년 연령별 자살률(OECD, *Society at Glance*, 2009).

(160.3 대 19.3)에 달했다. 이것은 한국에서 극단적으로 노인 자살이 많다는 것을 보여 주는 것이며, 노인 자살 문제가 인구 고령화와 맞물려 심각한 병리적 현상임을 말해 준다.

심각한 노인 자살 비율은 한국 사회가 지니고 있는 복합적인 사회문제의 산물이다. 먼저, 대부분의 노인들이 준비되지 않은 고령기를 살고 있다. 2011년 65세 이상의 인구 중에서 노후를 준비한 사람들은 39%에 지나지 않은 것으로 나타났고, 노후를 준비하지 않은 고령자 61% 가운데 준비할 능력이 없는 경우가 54.4%로 절반 이상을 차지했다. 준비한 사람들도 혜택이 낮은 국민연금 가입이 29.6%로 가장 많았고, 어느 정도 보장이 된 공적, 사적 연금과 같은 제도적인 방식으로 노후를 준비한 사람들은 22.9%에 불과했다(통계청, 2011d, p.28). 그러므로 경제적으로 어려움뿐만 아니라 사회적으로도 어려움을 겪고 있다. 자식들과 함께 사는 비율이 낮아지고, 홀로 사는 노인들이 많아지면서, 노인들은 점차 가족, 친지, 이웃과의 관계도 줄어들고 있다. 사회적 관계망의 약화와 소멸에 따른 심리적 소외와 고립이 연령의 증가와 더불어 심해지고 있다. 과거 농촌 공동체 경험을 가지고 있는 대부분의 노인들에게 이러한 경험은 더욱 견디기 어려운 상황으로 받아들여진다. 경제적 어려움, 심리적 고립감과 소외감을 동시에 겪고 있는 한국의 대다수 노인들에게 노후는 불행의 시기가 되고 있다. 이제 한국 사회에서 많은 노인들에게 장수가 복이 아니라 고통이 된 것이다.

가족의 해체

외환 위기 이후 가족해체가 급격하게 늘어나면서 한국은 아시아에서 이혼율이 가장 높은 사회로 변했다. 1970년대 한국의 이혼율은 인구 1,000명당 0.4명으로 OECD 평균 1.1의 1/3 수준에 불과했다. 그러나 1980년대 한국의 이혼율은 OECD 절반 수준으로 상승했다. OECD 평균이 전체적으로 상승한 것을 고려하면, 상당히 크게 증가한 결과였다. 한국의 이혼율은 1989년 인구 1,000명당 1명으로 1970년에 비해서 2.5배 증가했다. 1997년 외환 위기를 계기로 한국의 이혼율은 다시 급격히 높아져서 OECD 평균을 상회했다. 2003년 한국의 이혼율은 3.5명으로 증가하여 OECD 평균의 1.5배 정도에 달하였으며, 미국의 3.8명 다음으로 OECD에서 가장 높은 이혼율을 보여 주었다. 그 이후 약간 감소 추세로 돌아섰으나, 아직도 한국의 이혼율은 OECD 평균보다 높은 수준을 보여 주고 있다.

이러한 이혼율 폭증 경험은, 이혼이 서양 사람들의 일이라고 생각했던 많은 한국인들에게 결혼과 이혼에 대한 인식 변화를 가져왔다. 서구에서 이혼은 1960년대 후반부터 급증하기 시작했다. 특히 미국의 경우 이혼혁명(divorce revolution)이라고 불리는 폭발적인 이혼 증가가 1960년대부터 나타났다(Weitzman, 1985). 1960년부터 1980년 사이에 미국의 이혼율은 2.5배 증가했다. 미국의 이혼율은 경제호황기에 더 높았고, 불황기에 낮아졌다. 백년해로를 결혼의 규범으로 삼았던 한국 사회에서 서구 사회보다 더 높은 이혼율은 현재 한국의 가족제도와 결혼제도가 직면하고 있는 심각한 위기 상황을 단적으로 보여 준다.

이혼은 부부 당사자들의 선택과 관련된 문제이지만, 이혼의 결과로 나타나는 가족해체의 문제는 당사자만의 문제가 아닌 사회문제가 된다. 이혼으로 인해 한부모 가정이 증가하면서 자녀의 보육과 돌봄과 관련하여 여러 가지 사회문제가 발생한다. 돌봄을 제대로 받지 못하는 아동이 점차 늘어나면서 아동방치, 아동 학대나 아동 일탈 등이 나타날 수 있기 때문이다. 2008년 보살핌이 필요한 아동은 전국적으로 102만 명에 달하는 것으로 밝혀졌다(보건복지가족부, 2009).

(단위 : 1,000가구, %)

연도	총가구 수	한부모 가구		
		계	모자가구	부자가구
1985	9,571	848(8.9)	–	–
1990	11,355	889(7.8)	–	–
1995	12,958	960(7.4)	788(82.1)	172(17.9)
2000	14,312	1,124(7.9)	904(80.4)	220(19.6)
2005	15,887	1,370(8.6)	1,083(79.1)	287(20.9)

〈표 6〉 한부모 가구 현황(통계청).

  과거 한부모 가구의 형성 이유는 주로 사별이었지만, 오늘날
에는 이혼도 큰 비중을 차지하기 시작했다. 1985년 한부모 가구
의 74.6%가 사별을 통해서 형성되었고, 이혼의 비중은 8.4%에
불과했다. 그러나 2005년에 한부모 가구 원인은 48.1%가 사별
을 통해서 그리고 38.4%가 이혼을 통해서 이루어졌다. 이혼으
로 인한 한부모 가구는 1985년 5만 가구였으나, 2005년 39만
9,000가구로 늘어서 20년 사이 800% 증가했다. 매년 평균적으
로 40% 정도의 높은 증가 추세를 보여 준 것이다(통계청, 2006).

  가족의 변화는 연쇄적인 변화를 촉발시킨다. 가족이 모든 변
화에 대응하는 가장 기초적인 조직 혹은 행위 주체이기 때문
에, 가족의 변화는 다양한 사회문제와 관련을 맺는다. 가족주
의나 가족 이기주의가 대체로 중산층 핵가족의 속성을 대표한
다지만, 가족의 다양화로 인해 가족의 기본적인 기능조차 제대
로 이루어지지 않는 가족이 늘어나고 있다.

  〈그림 3〉은 현재 진행되고 있는 한국 가족의 가구 구성 변화
를 포괄적으로 보여 준다. 1인 가구가 외환 위기 때보다 2배 이
상 증가했다. 1인 가구는 매년 평균적으로 0.8% 증가 추세를 보

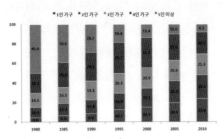

〈그림 3〉 한국의 가구 구성(통계청, 「2010 전수조사」 보도자료, 2011년 7월 7일).

이고 있다. 1인 가구의 증가에는 이혼으로 인한 1인 가구뿐만
아니라 배우자 사망으로 인한 독거노인의 경우도 포함되지만 이
혼율의 급증으로 인해 가구 구성상의 변화를 1인 가구 증가가
포함하고 있다는 점에서 여러 가지 시사점을 지니고 있다.

사회적 불신과 저신뢰 사회

사회가 이런저런 병리적인 현상으로 물들어 가면 갈수록 사
람들 사이의 관계도 피폐해진다. 물질적 차원의 문제로 그치는
것이 아니라, 사람들 사이의 심리관계에도 영향을 미친다. 흔히
위화감이 커진다는 표현은 사람들 사이의 격차와 이질감이 커
져서 사회통합이 약화되고 있다는 것을 의미한다. 사회적 차원
의 통합이 약화될수록, 사회는 불안하고 갈등이 커지기 때문에
서로 믿지 못하는 사회가 된다. 이른바 저신뢰 사회가 된다.

한국 사회의 신뢰 수준은 어느 정도일까? 〈표 7〉은 2008년
과 2010년에 실시한 국제적 조사로서, 타인과 제도에 대한 신

뢰 수준을 보여 주고 있다. 한국은 현재 경제 위기를 겪고 있는 남유럽 국가들인 그리스나 포르투갈보다 약간 높은 타인 신뢰 수준을 보여 주며, 제도에 대한 신뢰도는 이들 국가들보다 더 낮은 수준을 보여 준다. 한국도 대표적인 저신뢰 국가에 해당한다고 볼 수 있다. 체제 변화를 겪은 동유럽 국가들도 한국보다 더 높은 타인에 대한 신뢰와 제도에 대한 신뢰를 보여 주고 있어서, 한국의 저신뢰 문제가 심각한 수준이라는 것을 알 수 있다. 타인에 대한 신뢰나 제도에 대한 신뢰가 높은 나라들은 모두 덴마크, 노르웨이, 핀란드, 스웨덴과 같은 북유럽 국가들이다. 이들 국가들에서는 사람들이 서로 믿는 정도가 대단히 높고, 제도에 대한 신뢰도도 높게 나타나고 있다. 전형적으로 고신뢰 사회에 속한다고 볼 수 있다.

유럽 대륙 국가들은 신뢰 수준이 60점 내외의 중신뢰 사회에 속한다. 이러한 차이는 OECD가 지적한 것처럼, 대체적으로 불평등이 낮은 경우 타인에 대한 신뢰가 높은 반면 불평등이 심한 경우 타인에 대한 신뢰가 낮아지기 때문이다. 서로 믿지 못하고, 험악해지는 사회는 삶의 질이 낮아질 수밖에 없다. 육체적, 심리적 불안이 커지기 때문에 사회적 위험은 더욱 커지게 되기 때문이다. 저신뢰 사회에서는 부유한 사람들도 편안하고 안락한 삶이 보장되는 것이 아니다. 항상 의심을 갖고 다른 사람을 대해야 하고, 위험에 대비해서 항상 주의를 기울이면서 살아야 하기 때문에 역시 불편하고 불안한 삶을 살 수밖에 없다.

국가	타인 신뢰도	자료	제도 신뢰도
칠레	13.4	ISSP	50.67
터키	23.5	ESS	56.74
멕시코	26.1	ISSP	38.36
포르투갈	38.1	ESS	43.10
그리스	40.4	ESS	43.78
한국	46.2	ISSP	40.57
헝가리	46.8	ESS	39.89
슬로바키아	47.0	ESS	43.28
폴란드	47.4	ESS	55.54
미국	48.7	ISSP	58.47
슬로베니아	52.9	ESS	51.08
체코	55.7	ESS	44.17
아일랜드	55.8	ISSP	58.92
프랑스	55.8	ESS	59.21
OECD	58.6		56.0
일본	60.7	ISSP	53.35
독일	61.1	ESS	53.44
오스트리아	61.8	ISSP	60.51
스페인	61.9	ESS	50.21
호주	63.9	ISSP	70.53
벨기에	68.6	ESS	45.65
영국	68.9	ESS	64.86
뉴질랜드	69.1	ISSP	66.95
이스라엘	71.3	ESS	53.50
에스토니아	72.1	ESS	41.86
스위스	74.2	ESS	70.53
네덜란드	79.7	ESS	71.66
스웨덴	83.7	ESS	64.56
핀란드	85.5	ESS	81.59
노르웨이	88.3	ESS	67.87
덴마크	88.8	ESS	75.33

〈표 7〉 국가별 타인에 대한 신뢰 수준(2008년)과 제도에 대한 신뢰 수준(2010년)(OECD, 2011a).

　　아시아·태평양 사회만을 대상으로 한 최근의 OECD 보고
서도 아시아·태평양 국가들 가운데서도 한국은 타인에 대한
신뢰가 낮은 불신사회라는 것을 보여 준다(〈그림 4〉 참조). 한국

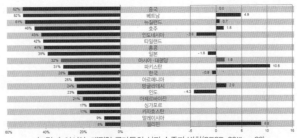

〈그림 4〉아시아·태평양 국가들의 신뢰 수준과 변화(OECD, 2011b, p.89).

의 타인에 대한 신뢰 수준은 아시아·태평양 국가들 평균보다 낮으며, 1990년대 중반과 최근을 비교한 오른편 그림은 한국에서 최근에 더 신뢰 수준이 낮아진 것을 알 수 있다.

불평등과 신뢰 수준과의 관계는 어떠한가? 서로 믿고 사는 사회와 서로 믿지 않는 사회는 분명히 삶의 질이 다를 수밖에 없다. 다른 사람을 믿고 사는 사회에서는 마음 편하게 살 수 있지만, 항상 다른 사람을 의심하면서 사는 사회는 마음이 편할 리가 없을 것이다. 〈그림 5〉는 불평등 정도와 신뢰 수준과의 관계를 보여 주는 그림이다. 여기에서 확실하게 알 수 있는 점은 불평등이 심하면 심할수록 타인에 대한 신뢰는 낮아진다는 점이다. 또한 신뢰 문제는 경제 수준과 관계가 적은 반면, 평등 수준과 관계가 크다는 점이다. 일본이나 미국과 같이 1인당 GNP 수준은 높지만 불평등이 심한 경우 타인에 대한 신뢰 수준은 높지 않은 반면, 체코와 같이 경제 수준은 낮지만 불평등이 적은 경우 타인에 대한 신뢰 수준은 높은 것으로 나타났다. 한국은 동유럽 국가들보다 경제 수준은 높지만 타인에 대한 신뢰 수준은 낮은 이유가 불평등이 더 심하기 때문인 것으로 나타났다. 이러한 점에서 우리는 불평등 정도는 삶의 질에 영향을 미친다는 것을 알 수 있다. 불평등이 심하면 가난한 사람만 불편한 생활을 하는 것이 아니라, 부유한 사람도 항상 다른 사람을 의심하면서 살아야 하는 불편함이 있다.

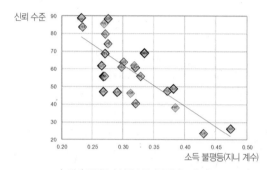

〈그림 5〉 불평등과 신뢰 수준과의 관계 그래프(OECD, 2011a).

시한폭탄: 인구구조의 변화

저출산과 고령화

최근까지 정부나 국민의 관심을 별로 끌지 못했지만, 한국 사회의 미래를 결정짓는 가장 중요한 변화가 될 수 있는 변화는 산업화도 민주화도 아닌 인구 변화이다. 저출산과 고령화로 요약되는 한국의 인구 변화는 이미 1990년 초부터 시작되고 있었다. 그것은 인구의 변화로 저출산과 고령화로 불리는 현상이다. 저출산과 고령화는 21세기 한국 사회 변화의 향방을 결정짓는 중요한 요인으로 등장했다. 저출산은 이미 1990년대 초부터 시작되었고, 고령화는 21세기 들어서 빠르게 진행되고 있다. 취업의 어려움이나 주택 문제 등으로 청년층 삶의 불안정이 커지면서 결혼이 늦어지고, 비혼율이 높아지면서, 전체적으로 출산율이 낮아지고 있다. 오늘날 한국은 도시국가인 홍콩을 제외하고 세계에서 가장 낮은 출산율을 보이고 있다.

반면 한국은 세계에서 가장 빠른 고령화 속도를 보이면서 노인인구의 비중이 급격하게 증가하고 있다. 노인인구의 증가속도는 유럽의 4배 정도로 빠르게 이루어지고 있으며, 인구 고령화 문제는 한국 사회에 심각한 문제로 대두되고 있다. 머지않아 2016년부터 경제활동을 할 수 있는 생산인구가 15~64세 인구 3,704만 명(인구의 72.9%)을 정점으로 감소할 것으로 보이며, 2018년에 이르러서는 피부양 인구인 노인인구가 전체 인구 가운데 14%를 넘어서는 고령사회로 진입할 것으로 예상된다(인구보건연구원, 2007). 또한 인구 저성장을 가정한 경우에, 2016년부터는 전체 인구의 감소가 이루어질 것으로 예상되어, 경제 성장 잠재력도 약화될 것으로 우려된다.[6] 산아제한을 통해서 인구 억제책을 오랫동안 실시했던 한국 사회에서 이러한 변화는 당황스러운 변화임에 틀림없다.

〈그림 6〉은 출산율을 세 가지로 가정한 상태에서 기대되는 인구변화를 보여 준다. 2010년 현재 20대 이하의 인구가 전체 인구의 37.3%를 차지하고 있고 60대 이상의 인구가 15.5%를 차지하고 있으며 중간 연령대인 30~50대는 47.2%로, 이를 표시하면 종 모양의 인구 구조를 보인다. 이후로는 아랫부분이 줄어드는 반면, 윗부분은 늘어나 역삼각형 항아리 모양으로 인구 구조가 변하게 될 것이다. 2060년에는 20대 이하의 인구가

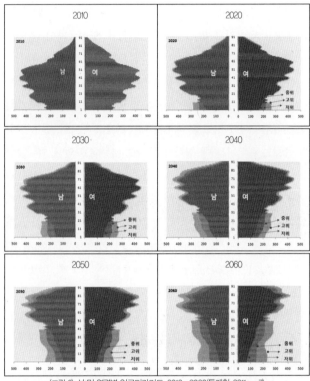

〈그림 6〉 성 및 연령별 인구피라미드, 2010~2060(통계청, 2011c, p.7).

21.8%로 감소하고, 60대 이상의 인구는 47.4%가 될 것으로 기대되기 때문이다.

저출산과 고령화는 서로 다른 사회현상처럼 보이지만 사실 밀접하게 연결되어 있다. 출산율이 더 낮아지면, 전체 인구 중에서 65세 이상 인구 비중이 더 높아지기 때문이다. 신생아가 줄어들면서 전체 인구 증가는 둔화되기 때문에 상대적으로 노인인구의 비중이 높아지기 때문에 고령화 지수는 빠르게 증가하게 된다. 그러므로 저출산과 고령화는 외형적으로 서로 다른 차원의 사회현상이지만 서로 밀접하게 관련되어 있는 현상이라고 볼 수 있다. 〈그림 7〉에서 볼 수 있듯이, 2017년 노인 인구가 유소년 인구를 초과하여 2030년에는 2배, 2060년에는 4배 정도까지 증가할 것으로 예상된다. 그리고 2060년에는 생산 가능 인구(15~64세)와 피부양 인구(0~14세 인구와 65세 이상의 인구)가 1 : 1이 되는 상황이 발생한다. 2012년 1 : 0.364인 점을 고려하면, 이는 갈수록 생산 가능 인구의 부양 부담이 늘어난다는 것을 의미한다.

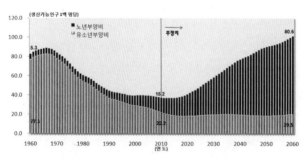

〈그림 7〉 노인 부양비와 유소년 부양비 추이(통계청, 2011c, p.1).

장수사회의 딜레마

한편 한국인의 평균적인 수명이 길어지면서 한국의 고령화의 비율이 더욱 높아지고 있다. 〈표 8〉은 2011년 통계청에서

	가정	1970년	1980년	1990년	2000년	2010년	2020년	2030년	2040년	2050년	2060년
남자 (세)	중위	58.67	61.78	67.29	72.25	77.20	79.31	81.44	83.42	85.09	86.59
	고위	–	–	–	–	77.20	81.64	83.97	85.97	87.66	89.09
	저위	–	–	–	–	77.20	76.87	78.67	80.45	82.07	83.64
여자 (세)	중위	65.57	70.04	75.51	79.60	84.07	85.67	86.98	88.21	89.28	90.30
	고위	–	–	–	–	84.07	87.67	89.21	90.44	91.57	92.53
	저위	–	–	–	–	84.07	83.54	84.59	85.73	86.82	87.81

〈표 8〉 가정별 기대수명, 1970~2060 (통계청, 2011c, p.2).

추정한 한국인의 수명 추정치이다. 여기에서 가정은 세 가지로, 보통은 합계출산율이 2010년 1.23명에서 2045년 1.42명까지 상승하다 이후 2060년까지 지속될 것으로 가정하는 중위가정이 미래 인구 추계에 사용된다. 고위가정은 합계출산율이 2045년 1.79명까지 상승 후 지속된다는 가정을 한 것이고, 저위가정은 합계출산율이 2045년 1.01명까지 감소 후 지속된다는 가정을 한 경우이다. 중위가정을 했을 때, 남자의 기대수명은 1970년 58.67세에서 2020년 79.31세로 50년 동안 거의 21세 정도 수명이 길어졌다. 수명이 매년 0.4세 정도 늘어난 것이다. 〈표 9〉에서 볼 수 있듯이 한국의 고령화 속도는 세계에서 유래를 찾아볼 수 없을 정도로 빠르다. 이제 적절한 정책적 대응을 하지 못하는 경우 엄청난 사회적 비용을 지불해야 할 것이다.

평균적으로 퇴직 연령은 더욱 짧아지고 있기 때문에 노후불안이 더 커지고 있다. 2009년 한국의 평균 정년은 53세로 정년 이후 평균적으로 23년 정도를 더 살 수 있다. 대학을 졸업한 경우 취업 연령을 26세 정도로 생각할 때, 취업 이전에 26년, 취

국가	도달년도			증가 소요연수	
	7%	14%	20%	7%→14%	14%→20%
한국	**2000**	**2018**	**2026**	**18**	**8**
일 본	1970	1994	2006	24	12
프랑스	1864	1979	2018	115	39
이탈리아	1927	1988	2006	61	18
미 국	1942	2015	2036	73	21
독 일	1932	1972	2009	40	37

〈표 9〉 주요 국가별 인구고령화 현황 비교(통계청, 2011d, p.9).

업 후 27년, 정년 후 23년으로 평균적인 한국인의 생애과정이
구성된다.

그러나 현재와 같이 정년 연령이 낮다면, 2030년에는 정년
후에 평균적으로 31년 정도를 소득이 없이 보내게 된다. 그러
므로 젊은 부부들은 소득을 얻는 기간보다 더 긴 자신들의 노
후를 스스로 준비해야 할 뿐만 아니라 자녀의 교육과 결혼 비
용까지 부담해야 하는 상황이 벌어지고 있다. 그에 대한 대응
은 가능한 한 적은 수의 자녀를 낳고, 그들에게 경제적 자원을
집중시키는 것이었다. 또한 맞벌이 부부들의 경우 여성이 계속
해서 경제활동을 해야 하는 데 비해, 공공 탁아와 보육 시설이
거의 없고 높은 사교육비 지출이 우려되므로 임신과 출산을
꺼린다. 맞벌이를 해야만 하는 사회경제적 변화가 일어나고 있
지만, 이러한 변화에 걸맞은 복지 제도가 발달하지 않아서 출
산율은 떨어지는 것이다. 사회 전반적으로 대단히 빠른 한국
사회의 사회 변화에 부응하지 못하는 '제도적 지체'로 인해 여
러 가지 부작용이 나타나고 있다.

저출산과 고령화는 시한폭탄처럼 현재 진행형으로 심각해

지고 있다. 저출산 문제는 이미 다양한 사회경제적 파급효과를 낳고 있다. 학령기 아동이 줄어들어서 초등학교 수도 줄어들고 있으며, 그 여파가 중학교와 고등학교 그리고 대학 순으로 계속해서 확산되고 있다. 또한 저출산으로 가족 수가 줄어들어서 대형 아파트 수요 및 신규 주택에 대한 수요도 줄어들고 있다. 더나아가 저출산은 향후 노동력 공급의 감소로 이어질 뿐만 아니라, 내수 시장에서 구매력이 감소하여 한국 경제 전체의 위축으로 이어진다. 노동인구가 줄어들어 사회 전체의 활력이 떨어지는 것은 물론이고 소비가 위축되기 때문에 21세기 한국 경제의 앞날을 매우 어둡게 만들고 있다.

일자리가 없어 청년실업이 심각한 상황에서 출산율이 낮아지는 것은 오히려 좋은 현상이 아닌가 하는 질문을 던질 수도 있다. 얼핏 타당한 생각인 듯하지만 현재와 같은 저출산은 문제가 된다. 적정 수준의 인구 규모를 유지할 수 있는 출산율 유지 정책과 청년실업 문제를 해결할 수 있는 정책이 필요하다.

잃어버린 공동체

  인구 변화가 거시적인 차원의 총량적인 변화라면, 인구를 구
성하고 있는 단위의 변화는 미시적인 차원의 구성적인 변화라
고 할 수 있다. 거시적인 사회문제들의 미시적인 토대는 가족이
다. 가족이 사회를 구성하는 기본 단위일 뿐만 아니라 모든 사
회문제의 출발점이기 때문이다. 가족은 거시적인 사회 변화에
대응하는 기본 사회 단위이자, 가족의 변화가 또다시 사회의
변화를 촉발시킨다는 점에서 가족은 모든 사회문제의 핵심이
다. 가족이 해체되는 경우 개인에 대한 보호막은 사라지게 된
다. 최근 늘어나고 있는 거리에 버려진 노인과 아동의 문제는
사회적 안전망이 부재한 사회에서 가족이 해체되었을 때 나타
나는 대표적인 사회문제이다(이용권, 2010).

반면 전통사회에서는 가족과 사회 사이에 지역 공동체가 존재했었다. 가족이 어려움에 처했을 때, 친인척뿐만 아니라 이웃이 돕는 지역 공동체가 가족을 지원했다. 그러나 산업화와 도시화로 특징지어지는 한국의 근대화 과정에서 이러한 지역 공동체는 거의 사라졌다. 농촌에서 도시로 대규모 인구이동이 이루어졌고, 도시 내에서는 자주 이사를 하는 경우가 많아서 지리적인 지역에 근거한 이웃과의 관계가 발전되기 어렵게 됐다. 즉, 지역에 기반을 둔 지역 공동체는 점차 사라지게 됐다. 모두가 모두에게 타인이 되는 새로운 사회가 형성됐다. 서울과 같은 대도시의 아파트 단지에서 나타나는 이웃에 대한 무관심과 관계 소멸이 대표적이다.

　한국의 근대화 과정에서 나타난 사회적인 변화들은 미국의 정치학자인 퍼트넘(Robert D. Putnam)이 관찰한 미국사회의 변화와 유사한 속성을 지니고 있다. 퍼트넘은 그의 저서 『나 홀로 볼링(Bowling Alone)』에서 오늘날 미국 사회에서 다른 사람들과의 관계가 지속적으로 줄어들면서 개인화가 가속적으로 일어나 미국의 전통적인 공동체가 무너지고 있다고 진단했다. 이웃을 모르고 친구들과도 덜 만나며 가족들과의 관계도 약화되고 있고 집단적인 활동 참여도도 낮아지고 있다고 진단하고, 이러한 변화가 사회의 토대를 이루고 있는 사회적 자본의 약화를 가져왔다고 주장했다. 더 나아가 이러한 사회 자본의 약화가 공적인 것에 대한 시민적 관심을 약화시키고 궁극적으로 미국의 민주주의를 약화시킨다고 보았다.

한국에서 일어난 변화와 서구에서 일어난 변화의 내용은 약간 다르다. 미국과 유럽에서 나타난 변화가 전형적으로 가족의 전통적 의미를 약화시키고 개인을 중심으로 하는 개인화(individualization)라고 부를 수 있다면, 한국에서 나타난 변화는 가족주의를 바탕으로 한 개인화라고 부를 수 있다. 독일의 사회학자 울리히 벡(Ulrich Beck)은 사회계급과 같은 전통적인 집합체의 정체성에서 벗어나 개인이 사회적 행위의 중심이 되는 변화를 개인화라고 불렀고, 이러한 개인화를 탈근대사회의 중요한 변화로 인식했다. 즉 탈계급화의 양상으로 개인화를 논의하고 있다.

한국에서 나타나고 있는 개인화는 가족 이기주의와 맞물려 있다. 가족의 울타리에 의존하는 의존성은 커지지만, 가족의 규범이나 규율에 대한 순응은 약화되면서 개인 중심 사고가 강화되고 있다. 가족 이기주의로 불리는 가족 중심 사고 속에서 자녀들에 대한 과도한 관심과 투자가 이루어지고 있기 때문에, 자녀들은 독립적인 개체로서 성장하기보다는 종속적이고 의존적인 존재로 성장하기 쉽다.[7] 그러나 개인들이 가족 내에서 자신의 세계를 구축하는 방식은 매우 유사하다. 가족과 이웃과의 상호작용보다는 개인화된 매체인 인터넷이나 휴대전화와 TV에 의존하며, 다른 사람들과의 네트워크가 점차 약화되고 있다는 점 등은 공통적으로 발견되는 변화라고 볼 수 있다. 다른 사람에 대한 배려나 공적인 문제에 대한 관심을 갖지 않고, 오직 자신의 관심사에 맞고 이익이 되는 일에만 매몰되는 현상은 한국이나 미국에서 점차 강화되고 있는 공통적인 추세라고 볼 수 있다.

한국 사회에서 나타나고 있는 새로운 가족 차원의 변화는 자녀에 대한 부모의 과잉 간섭과 간섭할 부모가 없거나 간섭할 수 없는 여건의 부재라는 양극화된 가족 형태가 대두되고 있다는 점이다. '교육마마—마마보이'로 대변되는 중산층 가족과 자녀에 대한 돌봄이 부족한 조손가족이나 한부모 가족 등으로 양극화되고 있다.

또한 1인 가구의 증가는 가구와 가족을 동일시하는 전통적인 가족 개념에 변화를 가져왔다. 〈그림 3〉에서 살펴봤듯이, 혼자 사는 가구가 지속적으로 증가하면서, 지역사회와 관계를 갖지 않는 사람들이 늘어나고 있다. 거주지가 삶의 공간이 아니라 수면 공간으로 그치는 다양한 거주 형태가 늘어나면서 이러한 추세는 더 강화되고 있다.

유목민 사회

안전판으로서의 가족

가족은 전통적으로 경제적, 사회적, 심리적 안전판으로 기능해 왔다. 개인들의 안전은 태어나서 죽을 때까지 가족이라는 제도를 통해서 보장이 되고, 개인들은 가족을 통해서 사회와 만나게 된다. 그러므로 가족은 개인들이 마지막으로 의존할 수 있는 오래된 조직이다.

그러나 현대 가족의 기능 변화는 거스를 수 없는 흐름이 됐다. 노인에 대한 봉양이나 교육의 기능과 사회적 안전망으로서의 가족의 기능이 일부 사회 집단들에게서는 현저하게 약화됐다. 가족이 감당할 수 없는 부담이 새로이 등장했다. 그러므로 가족 스스로가 아니라 사회적인 차원에서 해결할 수 있는 새로운 모색이 필요한 때가 됐다.

농업사회에서 가족은 자녀 출산과 양육, 교육, 일자리 제공, 심리적 안전망, 노부모 부양까지 모든 것을 담당하였지만, 오늘날 가족은 그중에서 일부 기능만 담당하고 있다. 교육은 학교가 담당하고 있고, 일자리는 기업과 공공부문을 포함한 사회가 제공하고 있고, 심리적 안전망은 종교기관이 제공하고 있다. 한국에서 출산과 양육 그리고 노부모 봉양까지는 아직 가족이 담당하고 있다.

여성들의 경제활동 참가가 늘어나면서, 가정에서 여성이 출산과 자녀 양육을 모두 담당하는 것이 매우 어려워졌다. 일과 가정의 양립이 현실적으로 어렵기 때문에 출산과 더불어 직장을 그만두는 여성들이 많아서 여성들의 경제활동 참가 패턴은 M자 모양을 보여 주고 있다. 또한 자녀수가 줄어들면서 노부모 봉양을 책임져야 할 자녀의 부담은 더욱 커지고 있다. 우리보다 먼저 산업화를 겪은 서구에서는 자녀 양육과 노부모 봉양도 공적인 방식으로 이루어지고 있다. 이제 한국에서도 가족의 변화로 인해 더 이상 가족이 자녀 양육과 노부모 봉양을 모두 담당할 수 없는 상황에 이르렀기 때문에 서구와 같은 제도적인 해법이 요구되고 있다.

노인 자살률 급증 현상은 더 이상 노인문제가 노인이 있는 가족의 문제가 아니라 사회문제라는 사실을 잘 보여 준다. 경제적인 어려움이나 가족의 여건 미비로 인해 노부모를 모실 수 없는 가족의 경우, 노환으로 인한 각종 문제(치매, 신체 마비, 행동 부자유 등)를 감당할 수 없는 경우가 많다. 현실적으로 맞벌이 부부의 경우 노부모 봉양은 불가능하다. 그러므로 현재 한국의 가족이 직면하고 있는 새로운 도전들은 이전의 방식으로는 해결하기 어려운 새로운 과제들이다.

더군다나 부부 갈등이 심한 경우나 이혼하여 한부모 가정이 된 경우, 노부모를 모시는 것은 더더욱 어렵다. 현재 일어나고 있는 가족 해체의 문제는 국가적인 차원에서 대응하지 않으면 대단히 부정적인 연쇄반응을 일으켜 향후 해결할 수 없는 상황에 이르게 될 것이다. 또한 각종 사회적 위험으로 부모를 동시에 잃어버리는 경우도 흔해졌다. 자동차 사고 등으로 부모가 동시에 사망하는 것처럼 조손가정이 만들어질 수밖에 없는 경우도 생겨났다.

가족과 사회의 공존

출산, 취업, 결혼과 사망은 모든 개인들이 피할 수 없는 불가피한 인간사이자 가족과 관련된 생애과정의 일부분이다. 오늘날 나타나는 자살이나 가족해체 현상이 병리적인 현상이라면, 이에 대응하는 새로운 인식과 접근이 필요하다. 가족을 통해서 사회문제를 해결하는 것이 필요하다는 새로운 인식과 더불어 정부 정책이나 시민단체 활동을 통해 사회문제를 해결해 가려는 인식도 필요하다.

정부정책 차원에서 사회적 안전망을 구축하는 것이 필요하다. 구체적으로 가족 수준에서 가족의 변화를 고려하면서 동시에 가족 수준에 영향을 미칠 수 있는 가족 중심 접근(family centered approach)이 필요하다. 과거 한국의 경우 가족 정책은 가족 복지 정책이 아니라 주로 인구 증가를 억제하기 위한 산아제한 정책의 하나로 인식됐다. 이제 가족 정책은 사회의 기본 단위로서의 가족을 보다 보편적인 관점에서 접근하면서, 변화된 사회에 적응할 수 있도록 하는 새로운 형태의 양성평등 가족을 육성하는 것을 추구해야 한다. 구체적으로 탁아와 보육의 공공화를 통하여, 다양한 능력을 함양한 여성들이 능력을 발휘할 수 있는 조건을 만드는 것이 필요하다.

또한 노인문제를 개별 가족만의 문제라고 생각하는 과거의 인식에서 벗어나야 한다. 노인문제를 사회 전체 차원에서 한국인의 삶의 질을 높이기 위한 과제로 삼아 심도 있게 다룰 필요가 있다.

개인—가족—사회의 균형적인 발전을 위해서 필요한 것은 복지이다. 역설적으로 개인—가족—사회의 균형이 깨지게 된 것은 부와 성공에 대한 강렬한 열망과 노력의 결과였고, 그것은 국가의 경제 개발 정책이 낳은 의도하지 않은 부정적인 결과였다. 21세기 들어서도 이러한 국가의 관성은 그대로 유지되고 있다. 경제성장 이외의 다른 가치들은 정부와 집권 여당의 관심 대상이 되지 못했다. 경제성장만 이루어지면 모든 것이 가능할 것이라는 성장만능주의가 힘을 발휘했다.

이제 그것은 분명한 한계를 보이고 있고, 새로운 혁신을 모색할 때가 됐다. 그 혁신의 핵심은 새로운 공동체의 모색이다. 전통적인 지역 공동체가 사라진 현재, 도시에서 지역 주민들의 상호교류를 증대시키고 사회적 네트워크를 만드는 일은 대부분의 가정이 안고 있는 공통의 문제를 해결하기 위한 모색을 통해서 가능하다. 보육과 탁아, 노인 돌봄 등은 모든 가정이 직면하고 있는 과제들이다. 생애과정에서 각기 다른 위치에 있는 사람들은 각기 직면하고 있는 문제가 다르지만, 모든 가정에서 공히 비슷한 문제들을 경험하고 있다는 점에서 지역을 중심으로 새로운 해결책이 필요하다. 이는 모두가 공감할 수 있는 일이기도 하다.

경제 총량이 증가하는 경제성장이 아니라 사회구성원의 삶의 질이 높아지는 사회성장을 위해서 지역주민들이 직면하고 있는 문제들을 공동으로 해결하기 위한 노력이 요구된다. 중앙정부 및 지방정부와 시민단체 그리고 지역 주민들의 협치를 통하여 새로운 지역 공동체가 기능적으로 만들어질 수 있다. 개인화되고 소외된 주민들이 자신들의 문제를 집단적으로 해결하는 경험을 통해서 개인과 집단의 역량강화가 이루어질 것이고, 주민들 사이의 상호신뢰가 증대될 수 있다. 끊임없는 경쟁과 배제가 아니라 상호 이해와 배려를 통한 새로운 지역 공동체가 도시에서 만들어질 수 있다.

오늘날 한국 사회는 복합적인 변화를 겪고 있다. 예측하지 못한 심각한 사회문제들이 한꺼번에 대두되면서 사회 위기를 맞고 있다. 그리하여 그동안 중요한 성과로 간주된 경제성장 자체도 점차 어려워지는 상황이다. 과거와 같이 거시적인 차원에서 양적인 경제성장만 이룩하면 선진국이 될 수 있을 것이라는 단순한 믿음은 더 이상 유지되기 힘들어졌다. 현재 한국 사회가 직면하고 있는 전환기적인 사회 위기를 슬기롭게 극복하지 못한다면 더 이상 경제도 성장하기 어려운 상황에 도달했다.

지금까지 가족은 모든 짐을 떠안은 조직이었다. 가족이 자녀 양육, 교육, 노인 봉양 모두를 책임졌다. 그러나 가족 구성이 급속하게 바뀌고 가족해체가 심화되면서 가족은 더 이상 이 기능들을 모두 담당할 수는 없는 상황에 이르렀다. 오늘날 한국 가족이 처한 상황을 방치하고서는 현재 한국 사회가 직면하고 있는 수많은 사회문제들(저출산, 고령화, 자살, 빈곤 등)을 해결할 수 없는 상태에 이르렀다. 이미 전통적인 공동체는 사라졌고, 중산층 가족마저 줄어들고 있다. 단독가구가 늘어나면서 가족은 이제 모든 사회문제의 핵으로 등장했다. 사회문제를 해결하기 위해서는 개인적 차원이 아니라 사회적 차원에서 가족의 문제를 인식하고 그 해결책을 모색할 필요가 있다. 문제의 해결은 가족의 기능을 정상화시킬 수 있는 방안에 달려 있다. 다원화되고 있는 가족이 각기 다른 방식으로 사회경제적 변화에 적응하고 또한 대응할 수 있는 역량과 기능을 확보하도록 하는 것이 필요하다. 그리고 더 나아가 가족을 넘어선 공동체의 형성이 요구된다. 그 공동체는 전통적인 지역공동체가 아니라 개인이나 가족의 문제를 집단적으로 해결하기 위한 공동체이며, 중앙정부, 지방정부, 시민사회 등과의 협력을 통해서 사회문제를 해결하기 위한 새로운 공동체가 돼야 한다.

사회적 위기의 해결 방안은 궁극적으로 정부의 적절한 역할에 달려 있다. 개인과 가족이 해결할 수 없는 문제들에 대해 정부가 정책적, 제도적으로 개입해서 사회적 위기를 해결하고 한국 사회의 지속 가능성을 추구해야 할 것이다. 사회적 위기의 원인을 밝히고 위기를 극복할 수 있는 새로운 통합적 해결책을 찾아야 한다. 이미 우리보다 먼저 이러한 문제들을 경험했고 또 해결책을 모색한 선진국의 경험이 우리에게 타산지석이 될 것이다. 경제적인 양적 성장만을 추구했던 과거의 패러다임에서 벗어나 새로운 질적 도약을 모색하기 위한 종합적 패러다임이 필요하다.

민주주의, 사회정의와 복지[8)]

인류의 전체 역사에서 현대 민주주의 제도는 권력을 배분하는 가장 혁신적인 정치제도로 평가될 수 있다. 막스 베버가 주장했던 것처럼, 과거 권력은 카리스마적인 권위나 전통적 권위에 의해서 획득되고 유지됐다. 남다른 힘이나 능력이 있는 사람들이나 왕위 계승에 의해서 권력을 행사하는 방식과는 달리 일반 국민이 권력을 행사한다는 민주주의는 이념적으로 과거의 왕권과 군주의 권력을 혁파하는 혁명적인 이념에 근거하고 있다.

민주주의는 정치적 차원에 머문 것이 아니라 경제적, 사회적 차원으로 확대됐다. 사회적 차원에서 시민의 권리를 내세운 근대적인 복지국가는 20세기에 등장했다. 인류 역사에서 보자면 아주 최근에 고안된 발명품이라고 볼 수 있다. 민주주의가 뿌리를 내리지 않은 상태에서 시민들의 사회적 권리는 보장되지 못한다는 점은 권위주의 정권에 의해서 도입된 사회보험제도 가 지닌 한계에서 잘 드러난다. 1870년대 프러시아의 철권 통 치자 비스마르크가 세계에서 가장 먼저 사회보험을 도입했지 만, 프러시아는 현대적인 복지국가로 발전하지 못했다. 국민의 자유와 주권이 보장되지 않는다면 국민의 기본적인 사회적 권 리도 보장받지 못하기 때문이다.

영국의 사회학자 마셜(T. H. Marshall)은 제2차 세계 대전 이 후 민주주의의 발달 과정에 대해서 강의하면서, 복지권인 시 민들의 사회권은 정치발전 단계에서 가장 진전된 단계에서 이 루어진다고 보았다. 1949년 런던경제대학(LSE, London School of Economics)에서 강연하고 그 이듬해 『시민권과 사회계급 (Citizenship and Social Class)』으로 출간된 책에서 마셜은 오늘 날의 관점에서 본다면 약간 도식적이기는 하지만, 근대 시민권 의 발전과정을 세 단계로 제시했다. 18세기는 재산권이나 법 앞의 평등과 같은 시민적 권리(civil rights)가 확장되는 시대, 19 세기는 참정권과 비밀투표와 같은 남성의 정치적 권리(political rights)가 확장되는 시대, 그리고 20세기는 사회 보장권과 같은 사회적 권리(social rights)가 확장되는 시대로 구분했다. 사회적 권리를 보장하는 국가는 바로 복지국가이며, 이는 정치발전 단계에서 가장 최근에 등장한 국가형태라고 보았다. 그 이유 는 복지가 단순히 물질적 차원의 문제가 아니라고 보았기 때 문이다.

오늘날의 서구의 복지 개념은 1930년대 대공황과 1940년대 초반 제2차 세계 대전을 거치면서 확립됐다. 이 시기에도 이미 가난한 사람을 대상으로 하는 구빈제도가 있었지만, 현대적인 복지 개념은 20세기에 들어서 확립됐다. 이러한 사실은 경제적으로 풍요롭고 정치적으로 안정된 시기에 복지가 발전된 것이 아니라, 서구 자본주의 국가들이 경제적으로 어렵고 전쟁을 치르는 위기 상황에서 복지 제도를 도입했다는 것을 보여준다. 현대적인 복지 이념으로 제시된 비버리지(William Henry Beverige)의 복지 이념은 제2차 세계 대전 당시, 실업과 전쟁으로 고통을 받고 있는 영국인들 사이의 연대의식을 고취하기 위해 제시됐다. 1942년 비버리지는 「사회보험과 통합 서비스(Social Insurance and Allied Services)」라는 보고서에서 가난, 질병, 무지, 불결, 나태 등 5대 사회적 질병을 해결하는 것이 국가의 존재 이유라고 주장하고, 바로 사회보장제도가 그에 대한 해결 수단이라고 주장했다. 비버리지는 제2차 세계 대전 당시에 보다 구체적으로 "승리의 목적은 이전 세계보다 더 나은 세계에서 사는 것. 정부가 보다 나은 세상에 대한 계획을 가지고 있을 것이라는 느낌을 시민들이 갖는다면, 시민들이 전쟁에서 승리하기 위해 더 노력할 것이라는 것. 이러한 계획이 제때에 준비된다면, 지금이 바로 그러한 때"라고 주장했던 것이다.[9]

　독일의 비스마르크와 영국의 비버리지는 공통적으로 복지국가라는 용어를 사용하지 않았다. 두 사람은 모두 진보주의자는 아니었다. 비스마르크는 보수주의자였고, 비버리지는 자유주의

자였다. 비스마르크는 단순히 노동운동이 강화되는 것을 막기 위해 사회보험을 도입했다. 비버리지는 당시 사용되던 복지국가 대신 '사회 서비스 국가'라는 용어를 사용했다. 복지국가라는 용어는 1941년경 영국의 개혁적인 성공회 대주교 윌리엄 템플 (William Temple)이 처음 사용한 용어다. 그는 국민을 전쟁으로 내모는 히틀러의 독일을 전쟁국가(warfare state)로 규정하고, 그에 반하여 영국은 모든 국민의 생활을 국가가 보살피는 복지국가(welfare state)라는 대비를 통해서 영국이 목숨을 걸고 지킬 만한 좋은 국가라고 주장했다. 즉, 복지국가는 시민적 자유뿐만 아니라 인간다운 삶을 보장하는 인간적인 국가라는 의미에서 사용되기 시작한 것이다.

복지국가에 대한 보다 체계적인 정의는 복지 제도가 도입된 지 십여 년 후에 제시됐다. 1961년 영국의 역사학자 에이사 브릭스(Asa Briggs)는 복지국가에 대한 고전적인 논문인 「역사적 관점에서 본 복지국가(The Welfare State in Historical Perspective)」에서 복지국가를 "적어도 세 가지 방향에서 시장력을 수정하기 위해 조직적 권력이 의도적으로 사용되는 국가"라고 정의했다.[10] 여기에서 세 가지는 일정 수준 소득보장, 사회적 위험에 대비한 불평등 완화, 최상의 서비스 제공이며, 이 세 가지를 수행하는 게 복지국가라고 보았다. 이러한 브릭스의 논의는 복지국가를 논의하는 데 여전히 유효하다. 국가의 복지 제도는 이미 19세기부터 유럽에서 등장하였지만, 복지국가라는 새로운 형태의 국가에 대한 인식은 20세기 후반에 이루어진 것이다.

보편적 복지란 무엇인가

지금으로부터 70년 전인 1942년 영국 비버리지 보고서는 복지국가의 원칙을 세 가지로 제시했다. 첫 번째 원칙은 보편성의 원칙으로, 경제 위기와 전쟁으로 고통을 받는 모든 사람들을 대상으로 사회보장을 실시하는 것이다. 사회통합을 목적으로 하였기 때문에 복지는 노동자, 자영업자, 고용주, 주부, 아동, 실업자, 장애인 등 전체 국민을 대상으로 했다. 두 번째 원칙은 단일성의 원칙으로, 사회보장을 단일하게 조직한다는 것이다. 소득불평등이 복지수혜의 불평등으로 나타나지 않게 사회보장을 재분배 차원에서 조직한다는 것이다. 세 번째 원칙은 통합성 원칙으로, 다양한 사회복지 제도를 단일한 행정조직으로 통합한다는 것이다. 복지행정 조직의 통합과 사회통합을 이루기 위하여 다양한 조직을 단일한 조직으로 통합한다는 것이다. 비버리지 복지이념은 전 국민을 대상으로 한다는 점에서 최초로 보편주의 이념을 제시한 것이다.

보다 구체적으로 보편주의는 "가난한 사람뿐만 아니라 모든 계급의 걱정과 긴장을 덜어주는 것이 적절한 정부의 기능이다." 라는 복지국가에 대한 티트머스(Richard Titmuss)의 논의에서 잘 드러난다. 1974년 티트머스는 복지와 관련된 국가의 역할과 관하여 세 가지 유형을 제시했다. 첫 번째는 잔여적 복지 정책 모형이다. 이 모형에서는 시장과 가족을 통해서 복지 욕구가 충족되지 못할 경우에만 국가가 개입하는 것이기 때문에 복지에 개입하는 국가가 불필요하게 되는 것을 가장 이상적인 상태라고 본다. 두 번째는 산업 성취 및 성과 복지 정책 모형으로, 산업 성취나 업적에 기초하여 욕구 충족이 이루어지는 것을 강조하는 국가 정책이다. 세 번째는 제도적 재분배 복지 정책 모형으로, 시장이 아닌 국가의 정책을 통해서 재분배를 목적으로 보편적인 서비스를 제공하는 것이다. 보편주의는 티트머스가 제시한 세 번째 사회정책 모형의 정책 원리이다. 앞선 두 가지에 비해서, 세 번째는 개인이나 가족에 대한 가치 평가와 무관하게 필요한 사회적 욕구를 국가가 충족시키기 때문에 복지는 문제해결 차원이 아니라 국가의 사회 서비스 차원에서 다루어진다.

보편주의 복지는 개인과 가족을 구분하지 않고 모두를 동일하게 국민 혹은 시민으로 보는 정치적 이념에 기초하고 있다. 보편주의 복지는 문제 집단을 설정하는 잔여적 복지 정책과는 달리 사회 구성원을 동등하게 바라본다는 점에서, 사회 병리의 해결이 아니라 국민 혹은 시민들의 삶을 향상시키기 위한 것이라는 점을 복지 정책의 전제로 삼는다. 그리고 모든 국민이 1인 1표의 투표권을 갖고 있는 것과 마찬가지로 모든 국민은 복지에 대한 요구 및 권리를 가지고 있다는 것을 전제로 한다. 이는 특정한 개인이나 집단만 대상이 되는 것이 아니라 모든 개인들이 동등하게 국가가 제공하는 복지 서비스에 대한 권리를 갖는다는 것을 의미한다.

보편주의 복지 정책의 실제

보편주의에 기초하여 실시되는 복지 제도의 내용과 복지 제도가 도입되는 과정은 매우 다양하다. 보편주의 원리가 적용되는 복지의 내용 또한 국가별로 큰 차이를 보이고 있다. 보편적 복지 정책은 역사적으로 여러 과정을 거쳐서 변화를 거듭하고 있기 때문에 보편주의 복지 정책의 실제는 경제적, 정치적 상황에 따라서 크게 다르게 나타났다.

보편주의 복지는 특정한 사회집단만을 대상으로 하는 것이 아니라 전 국민을 대상으로 하는 대상의 보편성을 가장 중요한 특징으로 하고 있지만, 재정조달 방법과 복지 혜택의 수준과 내용에서 매우 큰 차이를 보이고 있다. 전적으로 세금을 통해서 재정을 조달하는 경우가 있는가 하면, 수익자가 상당 부분의 재정을 부담하는 경우도 있다. 또한 복지 혜택이 균등하게 주어지는 경우가 있는가 하면, 소득에 비례하여 주어지는 경우도 있다. 그리고 보편주의 복지 정책이 의료보장만을 포함한 경우(영국)에서부터 주택이나 교육에 이르기까지를 포괄하는 경우(독일과 스칸디나비아 국가들)도 있다.

역사적으로 복지 제도가 형성되던 초기부터 보편주의 복지 제도가 등장했던 것은 아니었다. 보편주의 복지 제도는 서구 여러 나라들에서 각기 다른 역사적인 과정을 거치면서 대체로 제2차 세계 대전 이후에 확산되기 시작했다. 예를 들어 프랑스나 독일의 경우 1945년에는 절반 정도 인구만이 공적연금의 대상이 되었지만, 이것이 점차 확대되어서 1970년대에는 경제활동을 하는 모든 사람이 연금혜택을 받을 수 있게 됐다. 적어도 연금과 관련하여 보편주의가 실현되기까지 상당한 시간이 소요되었던 것이다. 또한 보편주의 복지 정책은 제2차 세계 대전 이후 점차 확대되어 교육복지와 가족복지까지 포함하기에 이르렀다. 특히 독일이나 스칸디나비아 국가들은 대학교육까지 복지에 포함시키고 있기 때문에 대학교육도 무상으로 실시하고 있다. 반면에 영국이나 미국과 같이 교육복지에 대학교육을 포함시키지 않는 경우도 있다. 그리하여 이들 나라에서 교육비의 가족 부담은 대단히 큰 차이를 보인다. 그 결과 교육을 통한 사회 계층 이동의 가능성도 큰 차이를 보인다.

영국의 보편주의 복지 정책 입법은 1946년의 국민연금보험법과 국민의료보험법(NHS)에서 찾아볼 수 있다. 1948년에 실시된 국민연금과 국민의료보험은 모든 영국인들을 대상으로 한다는 점에서 보편주의를 반영하고 있다. 연금은 초기 모두 동일한 비율로 월급의 일부를 부담하고, 65세 이상(남성)이나 60세 이상(여성)이 되었을 때 노령연금을 지급받는 보편주의에 기초한 제도였다. 또한 1948년 도입된 국민의료보험제도 역시 한 조직에서 모든 국민을 대상으로 의료서비스를 제공했다. 세금을 통해서 국민의료보험이 제공되고, 의료서비스를 받는 사람들은 무료로 서비스를 제공받았다. 그러나 안과, 치과, 처방전 등은 국민의료보험 서비스에서 제외됐다.

스웨덴에서도 보편주의는 제2차 세계 대전 이후에 등장했다. 1913년에 도입된 선별주의에 기초한 노령연금제도는 자산 조사를 거쳐서 경제생활이 일정 수준 이하인 경우에만 연금 혜택을 받을 수 있도록 했다. 보편주의는 전후 노령연금에 먼저 적용되었고, 점차적으로 여러 사회보장 정책에 확대됐다. 가장 먼저 1948년 노령연금제도에 보편주의 원리가 적용되었고, 이후 1954년 산재보험과 1955년 건강보험에도 차례로 적용됐다. 오늘날 보편주의적 복지국가의 상징처럼 여겨지는 스웨덴의 경우도 보편주의 복지가 일시에 이루어진 것이 아니라 점진적으로 이루어진 것이다. 의료보험과 노령연금보험은 상대적으로 적용범위가 넓다는 의미에서 다른 보험보다 보편주의적인 성격을 지니고 있다. 상대적으로 실업보험이나 산재보험은 피고용자나 경제활동인구만을 대상으로 한다는 점에서 적용범위는 적다고 볼 수 있다. 그러나 이들 보험이 특정한 직업집단이나 일정한 규모의 기업에 종사하는 피고용자만을 대상으로 하고 있지 않다면, 제한적인 의미에서 보편주의적 속성을 지니고 있다고 볼 수 있다.

보편주의 복지 정책은 대상에서뿐만 아니라 복지재정의 부담과 복지 혜택의 수준에서 다양한 모습을 보였다. 보편주의 복지 정책의 특징은 재정조달을 조세를 통해서 한다는 점이다. 보편주의 복지국가에서 재정조달은 소득에 비례하여 과세 형태로 이루어진다. 그러나 복지 제도 초기 도입과정에서 재정은 조세를 통하여 국가가 전적으로 책임지는 형태로 등장한 것은 아니었다.

또한 복지 혜택 수준도 매우 다양하다. 예를 들어 실업보험의 경우 실업 이후에 받게 되는 혜택의 임금대체율과 기간은 국가에 따라서 큰 차이를 보인다. 실업보험의 대상은 상대적으로 보편주의적인 속성을 지니지만, 실업수당의 크기가 아주 낮은 경우 보편주의의 의미는 별로 중요하지 않다. 예를 들어 한국의 경우 실업수당은 6개월간 실업 전 임금의 31% 정도를 받는다. 아주 제한적인 기간 동안만 낮은 수준의 실업수당이 주어진다. 그러므로 보편적인 속성을 지니지만 사회적 안전망으로서의 역할은 대단히 미미하다. 반면 노르웨이처럼 실업수당이 실업 전 임금의 72%에 달하고 수급 기간이 5년으로 긴 경우, 실업수당은 실질적으로 실업자의 사회적 안전망으로 기능하게 된다.

보편주의 복지 제도와 거리가 먼 미국의 경우, 연금과 의료는 모두 공적인 방식이 아니라 사적인 방식으로 시장에 의해서 다루어진다. 의료의 경우 미국은 1935년 대공황을 맞이하여 대대적인 복지개혁을 도모하여 '전 국민 의료보험' 도입을 시도하였으나, 미국의사협회(AMA)의 강력한 반대에 부딪혀 도입이 좌절됐다. 그리하여 지불능력이 있는 사람들은 각종 보험회사의 보험을 구매하여 자신들의 질병에 대비했지만, 지불능력이 없는 빈민층들은 질병을 제대로 치료할 수가 없었다. 그 대신 미국의 복지는 빈민층만을 대상으로 하는 빈곤가족자녀보조(AFDC)와 같은 잔여적 복지 제도만이 도입됐다. 이는 부유한 사람들의 주머니에서 가난한 사람들의 복지비용을 충당한다는 의미에서 로빈 후드 모형이라고 불리기도 한다.

요약하면 보편주의 복지는 그 내용과 역사적 변천이 다양하여 하나의 형태로 논의하는 것이 쉽지 않다. 보편주의 복지 제도의 발달 정도는 복지 제도가 적용되는 대상 범위, 재정조달 방식, 복지수혜 수준 등에 따라서 크게 달라졌다. 이러한 사실은 보편주의 복지국가 이념을 추구한다고 할지라도 구체적인 제도 수준의 논의는 매우 다양하게 이루어질 수 있다는 것을 함의한다. 보편주의인가 아니면 선별주의인가의 이분법적 구분은 개념적인 수준에서 가능하지만, 구체적인 수준에서는 별다른 의미가 없다. 중요한 것은 어떤 복지이념을 지향하고 있고, 장기적으로 어떤 복지 비전에 기초하여 현재의 복지 제도가 제시되고 있는가 하는 것이다. 현재 복지 제도의 의미는 미래의 비전과 관련하여서만 제대로 평가될 수 있다.

대안적 복지 논의를 위한 전제

2012년 한국 사회에서 복지문제는 선택의 문제가 아니라 필연의 문제가 됐다. 문제는 필연의 문제를 어떻게 구체적인 복지정책을 통해서 실현하느냐 하는 것이다. 어떤 복지 정책을 어떻게 도입할 것인가?

대안적 복지 정책을 새로이 모색하기 위해서 먼저 대안적 정책의 조건을 논의하는 것이 필요하다. 대안적인 정책은 무엇보다 바람직함(desirability)을 지녀야 할 것이다. 기존의 정책보다 더 퇴보적인 내용을 포함한다면 그것은 대안이 될 수 없다. 바람직함에 대한 인식과 평가는 어느 정도 정치적 상상력과 지식 및 정보 수준과도 관련이 있다. 현재보다 100보 앞으로 나아가는 것이 아니라면 그다지 유의미한 진보가 아니라고 생각하는 사람이 있는가 하면, 다 함께 1보 앞으로 나아가는 것이 진정한 진보라고 생각하는 사람도 있다. 대안이 현실을 얼마나 변화시킬 수 있고, 기존의 현실과 다른가를 판단하는 정도는 이념이나 가치관에 따라 달라질 수 있다.

두 번째는 실현 가능성(feasibility)의 문제가 고려돼야 한다. 현실적으로 실현 가능하지 않다면 정책은 이상적이기는 하지만 관념적으로만 생각할 수 있는 유토피아 정책으로 그치게 된다. 그런데 실현 가능성에 대한 판단은 어느 정도 주관적인 요소를 지니고 있다. 실현 가능성 자체가 객관적으로 측정 가능한 것이 아니라 행위자들의 집단적인 실천 의지, 정치적 동원

역량과 반대 세력에 대한 효과적인 전략 등에 따라서 다르게 평가될 수 있다. 실현 가능성을 고려하지 않고 바람직함만을 강조하는 경우 비현실적인 진보적 대안이 될 것이다. 현실의 어려움을 지나치게 강조하는 경우, 별로 바람직한 진보를 만들어 낼 수 없다는 점에서 이 문제는 정치적 설득력 및 동원력과 깊이 관련되어 있다. 특히 선거와 같은 민주주의 제도가 있기 때문에, 대중의 지지를 얻는 것이 대안적인 논의에서 더욱 중요해졌다.

세 번째는 지속 가능성(sustainability)이다. 일시적으로는 기능할 수 있지만 장기적으로 기능할 수 없는 제도라면 지속 가능성이 없는 대안일 뿐이다. 과거 동유럽 국가사회주의의 문제는 기능적으로 지속 가능하지 않은 체제였다는 점이었다. 자본주의의 굴레로부터 노동자를 해방시키기 위한 체제로 등장하였지만 다시 노동자가 당 간부의 통제와 지배를 받는 역설이 나타났고, 경제적으로 비효율성이 심화되어 내부에서 붕괴되는 역사적 과정을 지난 세기에 경험했다. 인류 역사에서 대단히 중요한 목적의식적인 실험이었지만, 지속 가능한 사회체제가 되지 못했던 것이다.

모든 정책은 의도한 목적을 달성하는 경우나 달성하지 못하는 경우나 공통적으로 의도하지 않은 긍정적인 효과와 의도하지 않은 부정적인 효과를 보인다. 그러므로 대안적인 제도를 모색할 때, 지속 가능성 여부와 관련하여 제도의 부분적 수정이나 현실적인 조정 가능성은 항상 열려 있어야 한다.

민주주의 사회에서는 대안적인 정책이나 제도의 현실화 문제가 정치적인 지지와도 관련되어 있다. 그리고 제도화된 이후 제도에 대한 정치적 지지가 제도의 지속 가능성을 결정짓는 중요한 요인이기 때문에 대중의 정치적 지지가 민주주의 사회에서는 무엇보다도 중요하다. 대안적인 정책 정도가 아님에도 불구하고 정권이 바뀜에 따라서 좀 더 개선된 제도가 순식간에 바뀌는 것을 우리는 최근 여러 차례 목격했다.

20세기 동안 대안의 모색 방식은 두 가지로 나타났다. 하나는 다른 사회에서 먼저 실시되고 있는 제도들을 모방하는 방식이다. 흔히 벤치마킹(benchmarking)이라는 이름으로 불리는 제도의 모방은 다른 한편으로는 특정한 제도가 다른 나라로 이식되는 것이기도 하다. 대개는 후진국에서 선진국의 제도들을 배우고 모방하는 경우이다. 다른 하나는 독창적으로 새로운 제도를 만드는 방식이다. 흔히 세계 최초라는 수식어가 붙는 제도들은 이러한 창조적인 제도적 상상력에 의해서 만들어졌다. 특정한 국가나 지역에서 등장한 새로운 제도들은 흔히 모델이라는 말이 붙여진다. 스웨덴 모델, 독일 모델과 같이 특정한 국가에서 만들어진 독특한 사회 모델이라는 점에서 이러한 모델들은 창의적인 정책에 기반을 두고 있다.

한국에서 다뤄지고 있는 논의는 대부분 외국 제도를 벤치마킹하는 수준에 머물고 있다. 다른 나라에서 실시되고 있는 정책들을 연구하여 부분적으로 혹은 전체로 정책을 모방하는 경우가 새로운 정책의 대부분을 이루고 있다. 후발국 혹은 후진국으로서 한국 사회가 이미 선진국에서 도입하여 실시하고 있는 복지 제도를 배우고 모방하는 것은 단기간에 제도를 도입할 수 있다는 장점이 있다. 오랜 기간에 걸쳐서 형성·발전된 복지 제도를 단기간에 배울 수 있다는 점은 경제성장과 마찬가지로 추격 발전을 통하여 선진 복지 제도를 따라잡을 수 있다는 점에서도 유리하다.

그러나 각국의 복지 제도들은 각국의 정치적, 경제적, 사회적 환경 속에서 태어났다는 점에서 고유의 발전 궤적을 지니고 있다. 그러므로 한국에 바로 이식할 수 있는 복지 제도는 드물다. 정책들은 경제구조, 정당정치, 국가 전통, 시민들의 정치의식, 시대정신, 민주주의 제도 등의 복합적인 요인의 결과물이다. 그런 맥락을 고려하지 않고 다른 나라의 정책을 도입하는 것은 제도의 기능적 부적합성을 낳는 요인이 된다. 그리고 국내외적인 정책 환경도 다르기 때문에 정책의 확산 과정은 시대에 따라서 매우 다르게 나타난다.

오늘날 세계화 시대의 각종 제도들은 과거보다 훨씬 더 동조 현상을 많이 보이고 있다. 다른 나라의 정책들에 대한 정보와 지식이 축적되어 국가 간에 정책 아이디어가 활발하게 교류되고 있다. 더욱이 지역 단위의 사회경제적 통합이 이루어지면서 정책의 표준화 현상이 늘고 있다. 예를 들어 유럽연합(EU)이 만들어지면서 통일적인 고등교육제도를 모색하는 '볼로냐 프로젝트'와 같은 유럽연합 수준의 교육정책이 모든 회원국에 적용되었고, 이를 통해 제도의 표준화가 이루어지고 있다. 또한 노동시장 정책이나 복지 정책에서 정책 경험의 교류와 공유가 이루어지면서 제도의 동질화 경향이 커지고 있다.

그럼에도 불구하고 각국의 제도들은 국내 정치와 계급관계에 의해서 영향을 크게 받았기 때문에 강한 경로 의존성(path dependence)을 보이고 있다. 특정한 제도의 유형에서 다른 유형으로 쉽게 바뀌지 못하는 제도적 관성을 기존의 제도들이 지니고 있기 때문에, 제도의 부분적 변화는 있더라도 근본적인 변화를 기대하는 것은 힘들다는 점에서 제도의 수렴이 쉽게 일어나고 있지는 않다. 제도는 제도를 운영하는 사람들, 사람들의 문화(관행과 가치관) 그리고 다른 제도와의 기능적 관계 등을 포함하고 있기 때문에 제도는 쉽게 변하지 않는다. 이러한 이유로 선진국의 제도를 한국에 이식하는 것은 쉽지 않다. 제도는 법만의 문제가 아니기 때문이다.

모든 외국의 제도는 한국적인 풍토 속에서 토착화된다. 복지 제도도 마찬가지이다. 다만 각종 복지 제도가 사회적 위험에 대응하여 시민들의 사회적 안전망으로 기능한다는 점에서 사회적 안전망을 구축하는 데 어떤 복지 제도가 더 효과적인가를 평가하는 것은 매우 중요하다. 복지 제도에 따라서 사회적 안전망으로서의 기능이 매우 다르기 때문이다. 대안적인 복지 제도를 모색하되 각기 다른 복지 제도의 유형에 따른 차이를 인식하면서, 21세기 한국에 맞는 복지 제도를 모색할 필요가 있다.

한국의 현실과 대안적 복지 모색

사회적 위험에 대응하는 한국의 복지 제도는 어떤 모습일까를 논의하기에 앞서 현재 한국의 복지 현실을 살펴보는 것이 필요할 것이다. 현재 우리의 위치가 어디인가를 확인하고 어디로 가야할 것인지를 생각하는 과정이 필요하다. 〈그림 8〉은 현재 한국의 복지 수준을 단적으로 보여 주는 그림으로, 총량적인 수준에서 전체 GDP 중에서 얼마만큼을 복지에 사용하는지를 보여 준다. 복지 정책이 발전했다면 당연히 복지 지출도 큰 비중을 차지하게 된다. 한국의 경우 복지 지출 차원에서 본다면 멕시코나 터키와 함께 OECD에서 복지 지출이 가장 낮은 국가에 속한다. 한국의 복지 지출은 브라질이나 러시아보다 낮은 수준으로 전형적인 제3세계 복지 후진국이라고 볼 수 있다.

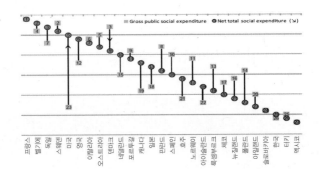

〈그림 8〉 OECD 국가들의 GDP에서 공공복지 지출이 차지하는 비중.

일단 한국은 국가가 경제성장을 우선시하여 국민 복지에 정책 우선순위를 부여하지 않았기 때문에 위와 같은 결과가 나왔다고 볼 수 있다. 외환 위기 직후 여러 복지 프로그램들이 도입되었지만, 여전히 한국의 복지는 그야말로 형편없는 수준이라고 볼 수 있다.

그렇다면 향후 한국은 어떤 복지 제도를 모색해야 하는가? 분명한 것은 일단 복지 지출의 비중을 높이는 것이 필요하다는 점이다. 현재보다 많은 복지 재정 지출이 필요하다는 전제하에 복지 제도를 구상하는 것이 필요하다.

현존하는 복지 제도는 그 기반 원리에 따라서 크게 네 가지 유형으로 구분된다. 덴마크 출신 사회학자인 에스핑 앤더슨(Gosta Esping-Andersen)은 유럽의 복지국가 유형을 사회민주주의, 조합주의, 자유주의 세 가지로 구분하였지만, 개별 복지 제도가 근거하고 있는 복지 원리를 파악하는 데는 다음과 같은 네 가지 유형이 더 유용하다.[11] 그것은 복지국가를 논의하기에 앞서 국가의 복지 제도를 논의할 수 있게 해 주기 때문이다. 여기에서 복지 원리는 복지 이념이라고도 볼 수 있으며, 복지가 추구하는 이념을 반영하고 있다는 점에서 이들 네 가지 유형은 매우 다른 정치적·사회문화적 배경을 지니고 있다.

1. 로빈 후드 모형
2. 단순 평등주의 모형
3. 국가 조합주의 모형
4. 보편주의 모형

로빈 후드 모형은 대체로 부유한 사람들의 주머니에서 돈을 거두어 가난한 사람들에게 나눠 주는 복지 제도이다. 다시 말해서 복지 재정을 부담하는 사람들과 복지 혜택을 누리는 사람들이 서로 다르며, 복지 혜택은 빈곤층이나 장애자들처럼 특정한 사회경제적 지위에 있는 사람들에게만 제공된다. 그러므로 특정한 조건에 놓인 사람들만 복지 혜택을 받게 되며, 복지 혜택을 받는 것은 사회적으로 낙인찍히는 부정적 효과가 동반된다. 로빈 후드 모형은 흔히 자유주의 복지국가(the liberal welfare state) 혹은 잔여적 복지국가(the residual welfare state)라고 불리는 국가들의 복지 원리로서 대표적 국가로는 미국의 경우를 들 수 있다.

단순 평등주의 모형은 모든 사람들이 기본적인 복지 혜택

71

을 누리는 복지 제도이다. 모든 사람들이 기초적인 사회적 안전망의 혜택을 누린다는 점에서 보편주의적 속성을 지니고 있지만, 보장의 수준이 기초적인 수준에 그친다는 점에서 복지는 제한적인 의미를 지닌다. 대표적으로 영국이 이러한 예에 속한다. 그리고 2011년 하반기 한국에서 무상급식 논쟁으로 부각된 초등학생 무료 점심 사례는 전형적으로 단순 평등주의 모형을 잘 보여 준다고 볼 수 있다.

국가 조합주의 모형은 국민 모두가 동일한 복지 혜택을 누리는 것이 아니라 직업 집단이나 지역에 따라서 각기 다른 복지 혜택을 누리는 복지 제도이다. 복지 혜택은 상당히 높은 수준에서 주어지지만 노동시장 지위에 따라서 복지 혜택이 달라지기 때문에 재분배 차원에서는 상당히 문제가 있는 복지 제도이다. 대표적으로 유럽 대륙 국가들에서 이러한 복지 제도가 도입됐다. 특히 직업 집단이 잘 조직되어 있으며 이들 조직을 중심으로 복지 제도가 발달되어 있는 독일 등은 실업보험이나 연금 혜택이 일을 할 당시의 소득에 비례한다. 그러므로 비정규직은 복지 혜택에서도 불이익을 받는다.

보편주의 모형은 소득이나 다른 속성과 무관하게 모든 사람들이 국민으로서 복지 혜택을 받는 복지 제도이다. 그러므로 빈곤층뿐만 아니라 중산층도 복지의 혜택을 받는다는 점에서 전 국민을 대상으로 하고 있고, 세금을 통해서 복지 재정을 확보하기 때문에 복지 혜택 수준도 높다. 복지를 담당하는 공무원도 많아서 공공부문이 상대적으로 큰 것이 특징이다. 기초적

복지 제도 유형	재정부담	공공지출	공공부문	수혜대상	재분배효과	가족모형
로빈 후드	저	저	저	일부	저	무
단순 평등주의	저	저	저	전체	저	무
국가 조합주의	중	중	중	전체(분절)	중	남성가장
보편주의	고	고	대	전체	고	맞벌이

〈표 10〉 복지국가 모형과 특징

인 사회적 안전망 수준을 넘어서 국가의 복지가 불필요한 사회 집단도 복지 혜택을 누린다는 점에서 단순 평등주의 모형과 차이를 보인다. 이러한 복지 제도는 스웨덴을 포함한 북유럽 사회에서 발전된 복지 제도이다.

오늘날 대부분의 사회에서 복지 제도는 여러 가지 유형들이 혼재되어 있다. 상대적으로 대표성을 지니는 국가들을 제외하면 많은 나라들에서 단순 평등주의와 국가 조합주의가 혼재된 채 운영되고 있다. 그럼에도 불구하고 보편주의 복지가 가장 발전된 복지 제도로 평가받는 이유는 사회적 위험으로부터 국민을 보호하는 제도로서 가장 효과적이며 또한 정치적으로도 지속 가능성이 가장 높으며, 복지 정책이 사회통합을 이루어 내고 또한 다수의 국민들이 제도에 대한 지지를 보이고 있기 때문이다.

많은 발전된 복지국가에서 보편주의적인 복지 제도를 중심적인 복지 원리로 하고 있다. 한국의 복지 제도도 그러한 방향으로 나아가야 한다. 그러나 보편주의가 바람직하지만, 실현 가능성을 고려한다면 당장 사회복지 전 분야에서 동시에 보편주의 원리에 근거한 제도를 도입하는 것은 쉽지 않은 일이다. 그러므로 한국 사회에서 나타나고 있는 사회적 위험의 정도에 따라서 우선적으로 먼저 도입해야 할 복지 제도들과 그 내용에 대한 논의가 필요할 것이다. 이는 우선적으로 먼저 도입하거나 혹은 강화시켜야 할 복지 제도를 정하는 것이며 또한 향후 어떠한 복지 제도를 추가적으로 혹은 보완적으로 발전시키는가를 정하는 것이다.

무엇보다도 사회적 위험에 대처하는 복지 제도를 모색하기 위하여 다차원적인 접근이 필요하다. 한국 사회가 복합적인 사회적 위험을 안고 있기 때문에 이에 대한 대처도 복합적으로 이루어져야 한다. 여기에서는 전반적인 복지 제도의 속성을 중심으로 대안적인 복지 제도를 논의하고자 한다. 대안적인 복지 제도가 추구해야 할 과제는 크게 4가지로 요약할 수 있다.

과잉 시장화 해소

서구 복지국가에서 공적으로 제공되는 복지 서비스가 한국에서는 이미 사적 영역에서 이루어지고 있어서, 국가와 시장의 역할 재조정이 필요하다. 대표적으로 교육에 있어서 공교육조차 교육비를 지불해야 함은 물론이고 사교육의 발달로 인해 교육은 과잉 상품화됐다고 볼 수 있다. 〈그림 9〉에서 볼 수 있듯이, 한국은 OECD 국가 중에서 고등학교 교육까지 학부모가 부담하는 교육비 부담이 가장 높고, 고등학교 이후의 교육비 부담은 85.4%인 칠레 다음인 77.7%로, 압도적으로 높은 편

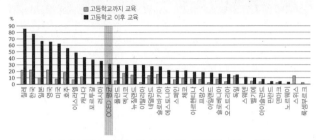

〈그림 9〉 OECD 국가들의 교육비 사적 지출 비율(OECD, 2011c, p.232).

이다. 평균적으로 OECD 국가에서 학부모가 담당하는 교육비 부담은 전체 교육비의 31.1%에 불과하다(OECD, 2011c, p.233). 칠레와 한국은 교육이 과잉 시장화된 대표적인 국가들이다.

주택문제의 과잉 시장화도 심각하다. 인간의 삶에서 중요한 부분이 바로 주택이다. 한국은 주택시장이 주로 대기업 건설회사에 의해서 공급된다. 모든 대기업들은 건설회사를 소유하고 있고, 아파트 건설을 거의 전담하고 있다. 그 결과 주택은 주로 국가가 아닌 민간 기업에 의해서 공급되고 있다. 시장에 맡겨진 주택 공급은 주기적으로 가격 폭등으로 이어져 주택이 없는 서민들의 삶은 더 힘들어진다. 한국의 경우 공공주택은 저소득 계층을 대상으로 한다. 모든 시민들을 대상으로 공공주택을 제공하는 스웨덴, 덴마크, 네덜란드 같은 나라와는 달리 한국에서는 저소득층만을 대상으로 공공임대주택을 공급한다. 전체 주택 중에서 공공주택의 비율이 낮을 뿐만 아니라, 저소득층만을 대상으로 하기 때문에, 주택은 시장에 맡겨져 있다. 미국의 공공주택 비율도 5.0%에 달하여, 한국의 주택시장은 미국보다

	소유	사적임대	공공임대	공동소유	기타
칠레	34.6	56.5	1.0	7.9	0.0
일본	35.8	61.2	0.0		3.0
독일	43.0	49.0	8.0		0.0
체코	47.0	9.0	20.0	17.0	7.0
덴마크	49.0	17.0	21.0	7.0	6.0
한국	57.7	42.3*	1.1**		
스웨덴	56.0	23.0	21.0		0.0
프랑스	57.0	22.0	18.0	0.0	3.0
네덜란드	57.0	8.0	35.0		0.0
호주	59.0	20.0	21.0		0.0
핀란드	59.2	13.8	16.0	0.0	11.0
폴란드	59.2	3.9	11.5	24.6	0.8
노르웨이	63.0	19.0	4.0	14.0	0.0
뉴질랜드	67.0	27.5	5.5		0.0
벨기에	68.0	24.0	7.0		1.0
캐나다	68.0	32.0	0.0		
터키	68.0	24.0	0.0	2.1	5.9
미국	68.0	26.4	5.0	0.6	
오스트리아	69.8	24.2	5.1		0.9
이스라엘	70.0	22.0	6.0		2.0
영국	70.0	13.0	17.0		0.0
룩셈부르크	70.5	23.8	2.4	0.0	3.3
멕시코	71.0	14.0	0.0	0.1	15.0
이탈리아	71.4	14.8	5.2		8.6
포르투갈	76.0	15.5	2.5		6.0
아일랜드	79.5	9.9	10.6		0.0
스페인	80.6	13.2	0.0	3.9	2.3
아이슬란드	83.0		0.0		17.0
그리스	87.0	13.0	0.0		0.0
헝가리	92.0	3.8	3.2		1.0
슬로베니아	92.0	4.0	4.0		0.0
슬로바키아	93.7	2.7	0.0	3.7	0.0
에스토니아	96.0	0.0	4.0		0.0

〈표 11〉 2009년 OECD 국가별 주택 소유형태 분포(OECD Economics Department Working Paper No 836. 한국 자료는 2009년 사회복지패널 조사에 근거함).
*는전체 임대가구 비율, **는 공공임대주택 사용 경험 비율.

도 더 시장화되었다고 볼 수 있다. 대체적으로 자가 소유비율
이 높은 국가나 복지 제도가 발달하지 못한 국가들에서 공공
주택의 비율은 낮다. 또한 영국이나 미국과 같이 국가의 시장
개입을 부정적으로 보는 사회들에서 집세에 대한 규제가 낮다.
한국도 멕시코나 터키와 마찬가지로 집세에 대한 규제가 낮은
나라에 속한다(Andrews, Sanchez and Johansson, 2011, p49). 집
세에 대한 규제를 강하게 하는 나라들의 경우, 집주인과 세입
자 간의 계약에서 세입자가 불리한 위치에 있기 때문에 불균형
적인 계약이 이루어질 수 있다는 현실을 강조한다.

　일상생활에서 중요한 요소가 건강권 보장이다. 국민건강보
험이 제도화되어 있으나, 현행 건강보험제도는 의료비와 관련
된 것이지 의료 그 자체와 관련된 것은 아니라는 점에서 반쪽
짜리 건강복지라고 볼 수 있다. 의료 서비스는 대부분 사립 병
원에 의해서 제공된다. 사립 병원들은 공식적으로는 영리를 추
구하는 병원은 아니지만, 실질적으로 영리를 목적으로 운영되
기 때문에 시장화된 의료 서비스를 제공한다고 볼 수 있다. 〈표
12〉는 전체 병원의 병상 가운데 공공병상의 비율을 보여 준다.
영국은 미국과는 달리 건강복지는 전적으로 공공병원에 의해
서 다루어진다. 한국의 공공병원 병상 비율은 전체의 14.2%에
불과하여 가장 낮은 의료 서비스 공공성을 보여 준다. 이것은
역으로 의료 서비스가 시장에 의해서 제공되며, 민간 병원들이
의료 서비스 시장을 지배하고 있다는 것을 의미한다. 복지 수
준이 한국과 비슷한 멕시코에서도 공공병원 비율은 76% 정도

	2000	2007
오스트리아	82.3	72.2
호주	68.1	69.6*
영국	100.0	100.0
덴마크	99.2	94.9
멕시코	76.8	76.0
프랑스	65.6	65.0
독일	–	41.2
미국	26.3	25.8
일본	27.2	23.3
한국		14.2*

〈표 12〉 한국과 주요 OECD 국가들의 공공병상 비율(OECD, http://stats.oecd.org/index.
aspx?DataSetCode= HEALTH_STAT, 2012년 접속).
*로 표시된 호주와 한국은 2008년도 자료.

로 의료의 공공화가 한국보다 훨씬 높다.

의료 영역 이외에도 노인 간병 서비스, 보육 및 탁아 서비스 등도 이미 거의 대부분 시장화됐다. 국가복지가 제대로 발달하기도 전에 이미 많은 복지 영역이 시장화된 것이 한국의 특징이다. 역으로 공적인 방식에 의한 복지 서비스 부분은 대단히 적어서 '복지 서비스의 과잉 시장화'가 한국 사회의 특징이라고 부를 수 있을 것이다.

복지 가운데 중요한 요소가 고용불안정에 따른 소득불안정을 해소하기 위한 사회보장이다. 이것은 실업, 산업재해, 장애, 질병, 고령 등으로 인해 소득이 줄거나 없을 때, 이에 대처하기 위한 다양한 국가복지 제도로 도입됐다. 산업사회에서 나타나는 새로운 사회적 위험인 실업이나 산업재해 등에 대한 복지가 19세기 말 비스마르크에 의해서 도입된 이래, 20세기 들어서 서구 산업 국가들은 모두 이러한 복지 제도를 도입했다. 한국도 1990년대 이러한 제도를 도입했다.

사회 서비스와 소득 이전의 균형

소득 이전에 중심을 두는 복지 제도는 전형적인 로빈 후드 모형이다. 사회 이전 이외에 다양한 사회 서비스를 국가가 국민들에게 제공하는 것이 현대적인 복지국가이다. 탁아, 보육, 교육, 고용 서비스, 직업교육, 의료 서비스 등에서 현대 국가는 '서비스 국가'라고 불릴 정도로 복지 서비스를 담당한다.

그러나 한국과 같이 빈곤층의 비율이 높은 사회에서 당장의 빈곤문제를 해결하는 일은 생존과 관련된 과제이다. 그러므로 소득 이전도 복지를 통한 삶의 질 향상에 있어서 매우 중요한 부분이다. 소득 이전 방식은 대상 국민이 일정 수준의 소득 수준에 이르도록 하는 것이다. 특히 빈곤층을 구성하는 실업자, 장애자, 노약자 등 다양한 사회집단이 소득 이전의 대상이 되기 때문에 대상을 구체화하는 작업이 필요하다. 즉 빈곤층의 전반적인 규모뿐만 아니라 빈곤층을 구성하는 사회경제적, 인구학적 특징을 밝히는 작업이 필요하다.

교육, 주택, 의료, 탁아 및 보육 등의 복지 영역의 탈시장화와 탈상품화가 국가복지 발전에 대단히 중요하다. 이미 시장화되어 있는 부분을 공공의 영역으로 이전시켜 복지 서비스와 관련하여 국가의 책임과 역할을 강화시켜야 한다. 시장을 통해서 복지 서비스가 이루어지는 경우 지불 능력이 있는 계급과 그

렁지 못한 계급 간 격차가 발생하고, 그것을 통해서 삶의 질에 격차가 발생한다. 국가가 제대로 기능하지 못해서 생기는 격차는 제도적으로 부정의를 낳는 것이며, 일등 시민과 이등 시민을 양산하여 사회 통합을 저해하게 된다. 그런 점에서 복지가 사회구성원들 사이의 연대를 강화시키고 집단적으로 사회적 위험에 대처하는 제도로서 기능하기 위해서는 사회 서비스의 탈시장화와 탈상품화가 절대적으로 필요하다.

맞벌이 부부 가족 모형

현재 한국의 여성경제활동 참가율은 매우 낮은 편이지만, 지속적으로 늘어날 수밖에 없다. 그러므로 여성의 경제활동을 촉진시키고 또 유지시키기 위한 가족 정책이 필요하다. 또한 가족은 재산, 교육기회, 사회적 연결망, 양육방식, 가치관 등의 차이를 만들어 내는 모든 불평등의 기본 단위라는 점에서 가족 정책을 통한 사회정의의 실현이 요구된다. 가족은 현실적인 불평등을 보여 주는 단위이기도 하지만 미래의 불평등을 낳는 단위이기도 하다는 점에서 가족 수준의 불평등 약화가 복지 정책에서 중요하다. 불평등 약화는 가족 간 불평등뿐만 아니라 가족 내 불평등, 즉 양성 평등 차원에서도 중요한 의미를 지닌다.

맞벌이 부부 가족을 전제로 하는 복지국가에서 나타나는 가장 큰 특징은 다양한 가족 정책을 통해서 기혼 유자녀 여성들의 경제활동 참여를 촉진시켜 여성 경제활동 참가율이 높다는 점이다. 현재 여성 경제활동 참가율이 높은 나라들은 북유럽 국가들이다. 2010년 북유럽 여성들의 경제활동 참가율은 덴마크 72.0%, 핀란드 67.6%, 노르웨이 75.0%, 스웨덴 74.2% 순서로 높다. 반면, 전통적인 남성 가장 가족 모델을 전제로 하는 남유럽 국가들에서 여성 경제활동 참가율은 전반적으로 낮게 나타나서 이탈리아 46.6%, 그리스 48.8%, 스페인 53.5% 등이다. 한국의 경우 56.5%로 남유럽 국가보다는 약간 높지만, 북유럽 국가들에 비해서는 훨씬 낮다.

북유럽 국가들의 경우는 여성의 경제활동 참가율도 높지만 여성의 출산율도 높은 〈표 13〉의 A유형이다. 대표적으로 스웨덴의 경우, 맞벌이 부부 가족 모형을 전제로 하여 출산, 보육과 탁아 복지 정책을 제도화하여, 여성의 경제활동을 촉진시키며 동시에 출산율 하락을 방지하고 있다. 2009년 스웨덴의 출산율은 1.94로 높은 편이고, 경제활동 참가율도 75.5%로 대단히 높다. 반면 B유형은 출산율은 높지만, 경제활동 참가율은 그다지 높지 않은 경우이다. 대표적으로 2009년 프랑스의 경우 출산율은 1.99로 유럽 대륙에서 가장 높지만, 여성 경제활동 참가율은 60.3%로 스웨덴과 큰 차이를 보인다. C유형은 제3세계 후진국형이다. 터키의 경우가 전형적인 후진국형으로 높은 출산율과 여성의 낮은 경제활동 참가율을 보인다. 한국은 남유럽 여러 나라들과 유사하게 출산율도 낮고, 여성 경제활동 참가율도 낮은 D유형에 속한다(OECD, 2011). D유형은 A유형으로 진화할 수도 있고, B유형으로 진화할 수도 있다. 한국 여성들의

경제활동 참가율 / 출산율	고	고
고	A: 고출산-고참가 모형 예: 스웨덴(1.94 / 75.5%)	B: 고출산-저참가 모형 예: 프랑스(1.99 / 60.3%)
저	C: 고출산-저참가 모형 예: 터키(2.12 / 24.9%)	D: 저출산-저참가 모형 예: 한국(1.15 / 56.1%)

〈표 13〉 여성 경제활동 참가율과 출산율 유형

경제활동 참가율이 지속적으로 증가 추세에 있다는 점을 고려한다면, 여성들의 높은 경제활동 참가와 높은 출산율을 보여주는 A유형이 더 바람직하다고 볼 수 있다. 결론적으로 이러한 사례가 말하는 바는 출산율을 높이기 위해서는 적어도 맞벌이 부부 가족 모형을 전제로 가족복지 제도를 도입해야 한다는 점이다.

노동시장 정책과 복지 정책의 연계

복지 정책보다 더 중요한 정책이 적극적 노동시장 정책이다. 복지는 사후적으로 경제적 어려움에 처한 사람들의 문제에 대응하는 것인 반면, 적극적 노동시장 정책은 사전적으로 실업과 같은 노동시장에서 발생하는 문제를 예방하는 것이다. 북유럽 국가들의 특징은 복지국가 이전에 적극적 노동시장 국가라는 점이다. 높은 여성들의 경제활동 참가율도 이러한 적극적 노동시장 정책의 산물이다.

1980년대 들어서 경제 위기로 실업률이 높아지면서 새롭게 추구한 정책이 복지 정책과 노동시장 정책을 결합시키는 유연안정 모델이다. 적극적 노동시장 정책을 통해서 복지수요 증대를 줄이는 것뿐만 아니라, 실업이 발생했을 때, 실업자들에 대한 실업수당 제공과 적극적으로 직업훈련을 지원하고 재취업에 필요한 고용 서비스를 제공한다. 이러한 새로운 모델은 네덜란드나 덴마크처럼 노동시장의 유연성 증대와 사회적 보장 확대를 결합시키는 유연안전성(flexicurity) 모형으로 나타났다. 세계화로 인해 경쟁이 강화됨에 따라서 기업의 경쟁력 확보를 위하여 시장 상황에 따라서 인력조정을 용이하게 허용하고, 그 대신 국가가 실업자들의 경제적인 안정을 높은 수준에서 책임지며 또한 실업자들이 다시 고용을 통해서 일을 할 수 있도록 각종 고용 서비스를 국가가 제공했다. 이러한 모형은 노사정의 합의를 통해서만 가능한 실험적 모형이었다.

국가	근속연수	실업보험 관대성(1년)
노르웨이	9.8	72
덴마크	8.1	68
스웨덴	10.3	66
핀란드	10.8	60
네덜란드	11.3	71
프랑스	11.7	67
독일	11.3	64
영국	9.0	28
미국	4.4	28
한국	4.4	31

〈표 14〉 주요 국가별 근속연수와 실업보험 대체율(유럽 근속연수 자료: OECD (2011d), OECD Employment Outlook 2011, Statistical Annex, 유럽 실업보험 대체율 자료: OECD(2009), OECD Employment Outlook 2009, p.76, 미국 근속연수 자료: US. Bureau of Labor Statistics, 2010, 한국 자료: 신광영, 2011, p.126).

한국의 노동시장은 유연성은 높지만, 노동자들에 대한 사회적 안전망은 대단히 열악한 미국형과 거의 유사하다. 〈표 14〉에서 근속연수는 동일한 고용주에게 얼마나 오랫동안 고용되어 있는지를 나타낸다는 점에서 고용안정성 정도를 보여 준다. 그리고 실업보험 관대성은 실업 전의 임금과 비교했을 때, 실업 후에 받는 실업급여의 수준을 보여 준다. 실업보험의 관대성이 높을수록 실업 후의 사회적 안전망이 잘 구비되어 있다고 볼 수 있다. 이러한 점에서 볼 때 유연안정 모형을 도입한 덴마크와 네덜란드에서 실업보험의 관대성은 매우 높은 수준이고, 근속연수는 상대적으로 높지 않다. 특히 덴마크의 경우 근속연수는 독일이나 프랑스에 비해서 2년 정도 더 짧았다.

한국은 어떤 모형으로 나갈 것인가? 현재는 미국 모형인 신자유주의라고 볼 수 있다. 미국식 노동시장 체제와 복지 제도를 추구한다면, 계속 미국식 신자유주의 모형으로 나아갈 것이다. 하지만 현재까지 살펴본 것처럼, 현재와 같은 한국의 신자유주의 추진 결과는 대다수 한국인에게 많은 위험을 안기고 있다. 그렇다면 유럽 대륙식이거나 북유럽식이 나름대로 의미 있는 대안이 될 수 있다.

그러나 대안은 앞에서도 다루었듯이 실현 가능할 때 진정한 대안이 될 수 있다. 각기 다른 나라에서 등장한 유연안정 모형은 역사적 배경과 정치적 맥락을 지니고 있다는 점에서 쉽게 한국에서 도입하기 힘든 모형이다. 노동시장이 유연화되어 있기 때문에, 기업은 유연안정 모형에서 필요한 복지 비용을 추가

적으로 부담하려고 하지 않고 기존의 제도를 유지하려고 할 것
이다. 따라서 노동조합이 강력한 힘을 발휘하지 못하는 상황이
라면 노사정 합의는 기대하기 힘들다.

마지막 문제는 복지 정치?

인류 역사에서 복지 제도란 20세기에 각종 사회적 위험에 대처하기 위해 마련한 집단적인 지혜와 정치적 의지의 산물이다. 국민 혹은 시민이라고 불리는 한 사회의 구성원들을 자연 상태에 내맡기거나 시장에 휘둘리게 하지 않고, 나름대로 품위를 유지하면서 한평생 살아갈 수 있도록 집단적으로 고안해서 제도화시킨 것이 바로 복지 제도인 것이다. 복지국가는 복지 서비스를 국민들을 대상으로 제공하는 것을 국가의 주된 기능으로 하는 국가를 지칭한다.

복지 제도가 20세기 들어서 발달한 것은 정치적 조건 때문이었다. 사회적 위험에 집단적인 방식으로 대응하는 것이 필요하다는 것을 인식하고 정치적으로 해결하고자 한 것은 20세기에 이루어졌다. 특히 제2차 세계 대전 이후에 본격적으로 이루어졌다. 무엇보다도 집단적으로 그러한 시도를 할 수 있는 정치적 조건이 만들어졌기 때문이었다. 즉 민주주의가 정착되면서 대중의 요구가 정치적인 힘을 발휘할 수 있는 환경이 만들어졌기 때문이다. 특히 서구에서 좌파와 우파 정당들 사이의 경쟁이 선거를 통해서 치열하게 전개되고, 소수 기득권층에 대한 다수 소외계층의 정치적 동원이 영향력을 발휘하게 되면서 복지는 서구 정치의 중심적인 의제로 등장했다. 또한 고령화와 같은 인구학적인 변화도 복지 필요성을 인식시키는 데 크게 기여했다. 그리하여 오늘날 서구 정치는 복지를 중심으로 이루어지고 있다 해도 과언이 아니다.

한국에서는 최근까지 복지에 대한 논의가 본격적인 정치적 의제로 등장하지도 못했다. 한국에서 복지 논의가 제대로 이루어지지 못한 주된 이유는 무엇보다도 민주주의가 제대로 발전하지 못했기 때문이다. 민중의 요구가 정치적으로 대변될 수 없는 정치구조 속에서 민중의 절박한 요구는 정치권으로부터 외면됐다. 그 대신 기득권층의 이해관계가 한국 정치를 지배했다. 그리고 언론 매체들은 기득권층의 이해관계를 마치 가장 절실한 국가적 이해관계인 것처럼 국가적 의제로 부각시켜 다른 요구나 이해관계를 주변화시켰다. 그러므로 복지는 권위주의 체제에서는 정치적 의제로 등장하지 못했다. 다수를 차지하는 약자들이 정치적으로 힘을 발휘할 수 있는 민주주의가 정착되었을 때 비로소 복지는 정치적인 의제가 될 수 있었다. 한국에서는 2000년대 초반에 들어서야 비로소 그러한 조건이 형성됐다고 볼 수 있다.

모든 사회정치적 변화는 인식과 실천의 문제를 포함한다. 인식은 사회현실 문제를 총체적으로 이해하고, 그것을 해결할 수 있는 지식과 정보의 융합을 통해서 고양될 수 있다. 현실은 누구에게나 뻔한 것으로 여겨지곤 하지만, 현실은 스스로 자신을 드러내지 않는다. 여성차별이 지금보다 더 극심했던 중세나 조선시대에 여성차별에 대한 인식은 없었다. 여성차별의 현실을 차별로 바라보는 인식의 틀이 없었기 때문이었다.

국가복지에 대한 인식도 마찬가지다. 사회적 위험에 대한 인식과 그것에 대응하는 집단적인 대응이 복지 제도라는 것을 알게 됨으로 해서 복지에 대한 인식이 달라진다. 그렇지 않은 경우 복지는 시혜적인 것 혹은 도덕적 심성과 관련된 것으로 이해되기도 한다.

이제 우리가 생각해야 하는 것은 지속 가능한 경제성장과 동시에 지속 가능한 사회성장이다. 역대 정부가 경제성장과 경쟁 그리고 경쟁력만을 앞세우며 달려왔기 때문에 사회가 얼마나 심각한 위기 상황을 맞고 있는지를 알지 못했다. 경제성장이 이루어지면 모든 사회 위기도 해소될 것이라고 믿는 정치지도자들과 기업가들이 여론을 주도해 왔다. 그러나 그것은 성장 지상주의라는 잘못된 믿음에 기초한 것이었고, 역사적으로 근거가 없는 허황된 믿음이라는 것이 밝혀졌다. 사회성장이 없이는 경제성장도 지속될 수 없다는 것이 지난 20세기 서구의 경험에서 나온 견해였다. 현재 일본이나 미국 등은 20세기에 경제성장을 이룬 대표적인 국가이지만, 사회가 성장하지 못한 경우 지속적인 경제성장도 어렵다는 것을 잘 보여 주고 있다. 경제성장 지상주의와 상품 물신주의가 결코 삶의 질을 담보할 수 없다는 것을 깨닫게 된 것이다.

한국의 사회 위기는 심각한 수준이라는 점에서, 사회적 위기를 극복하기 위한 복지 제도의 구현이 절대적으로 필요하다. 그리고 지금 이 시기에 사회적 위기 극복을 제대로 하지 못할 경우 그 후유증은 21세기 내내 후손들에게 해결할 수 없는 부채로 상속될 것이다. 경제성장 대신 사회성장을 다시 한 번 더 강조할 필요가 있다. 경제성장의 혜택이 일부 사람들에게만 돌아간다면, 사회성장의 혜택은 전체 모든 사회성원들에게 돌아간다는 의미에서 사회정의를 실현하는 민주적 방법이기도 하다.

현대사회에서 나타나는 다양한 사회적 위험으로부터 국민을 보호하는 것은 국가의 기본적인 의무이다. 현대적인 의미에서 권력의 주인인 국민의 삶을 보장하는 것이 국가의 기본 의무라는 의미에서 복지는 국방의 일부인 것이다. 복지는 일부 선진국의 장식품도 아니고, 경제가 더 성장해야만 할 수 있는 사치품도 아니다. 복지는 현대 민주주의 국가에서 다양한 사회적 위험에 집단적으로 대응하기 위하여 고안해 낸 인류의 발명품이다. 민주주의와 함께 복지국가는 인류가 만들어 낸 최고의 발명품 중의 하나인 것이다.

한국에서도 민주주의의 발달 덕택에 돌발적인 정치적 사건에 의해서 복지정치가 정치적 의제로 급작스럽게 떠올랐다. 오세훈 전 서울시장이 '무상급식 문제'를 서울시 주민투표에 부치면서, 보편적 복지와 선별적 복지가 첨예한 정치적 의제가 되었다. 주민투표라는 민의를 묻는 민주적 제도를 통해서 초등학생들의 점심을 둘러싼 '밥그릇' 싸움이 복지를 뜨거운 정치적 의제로 바꾸었다. 복지 정치가 대한민국의 복지 정책과 복지 비전을 둘러싼 미래지향적 논의로 시작되었다기보다는 정쟁의 형태로 등장했지만, 한국에서 새로운 복지 정치를 촉발시키는 계기가 되었다.

한국은 대규모 군대를 보유하고 있는 군사강국 중의 하나이지만 국민의 삶을 보호하는 현대적인 의미의 국가 복지는 제3세계 수준에 머물고 있다. 이제 외부의 위협으로부터 국민을 보호하는 것뿐만 아니라 내부의 사회적 위협으로부터 국민을 보호하는 것도 중요하다. 그런 점에서 오늘날 한국에서 복지는 국방의 일부이다. 국가가 복지를 소홀히 한다면 그것은 국방을 소홀히 하는 것과 마찬가지이다. 복지에 대한 인식의 전환이 이루어져야 하며, 복지국가는 복지에 대한 국민과 정부의 인식 전환이 이루어졌을 때 비로소 만들어질 수 있다. 민주주의, 국민주권, 사회성장과 복지 정치가 오늘날 한국 사회를 지배하는 새로운 키워드가 돼야 한다.

주

1) 미국 정부 산하 미국 인구통계국(US Census Bureau)이 2010년 에 제출한 보고서에 따르면, 2000년대 들어서 의료보험이 없는 사람들은 계속 증가하여 1999년 약 3,770만 명에서 2010년 약 4,990만 명으로 220만 명 늘었다. 대략 6명당 1명이 의료보험이 없어서 병원을 이용할 수 없다(US Census Bureau, 2010, p.77).

2) 2008년 일본에서 전체 GDP 중 공공복지 지출 비중은 21.2%로 동유럽이나 영국과 비슷한 수준이지만, 대부분이 고령화에 따른 연금과 건강 관련 지출이기 때문에 근로인구를 대상으로 하는 복지 지출은 1.6%에 불과하여 선진국 중에서 가장 낮았다. 참고로 2008년 근로인구 대상 복지 지출 비중은 덴마크 7.0%, 핀란드 6.0%, 스웨덴 5.6%, 노르웨이 5.4%, 프랑스 4.6%, 영국 4.5%, 독일 4.0%, 미국 2.0%, 멕시코 0.9%, 한국 0.8%였다(Adema, Fron and Ladaique, 2011, p.43).

3) 한국 경제의 변화 속도는 영국의 6배, 일본의 3배 정도에 달한다. 산업구조의 변화나 도시화와 같은 사회 변화에 대한 이해에서 변화의 폭뿐만 아니라 변화의 시기(timing)와 속도(speed)의 문제가 고려될 필요가 있다. 결과적으로 비슷한 정도의 사회 변화가 이루어졌어도, 사회 변화의 환경과 관련된 시기와 변화의 속도가 매우 다른 사회를 만들어 낸다.

4) 정부가 복지에 지출하는 비용은 공공사회지출(public social expenditure)이다. 2011년 OECD의 보고서에 따르면, 한국의 공공사회지출은 GDP의 7.53%였고, 멕시코는 7.21%였다. 터키는 10.48%로 한국보다 훨씬 더 높았다. 같은 시기 한국의 가구당 GDP는 1만 9,000달러였고, 멕시코는 5,000달러, 터키는 6,000달러였다(OECD, 2011, pp.42~44 및 pp.74~76). 전체 GDP에서 공공사회지출이 차지하는 비중은 브라질 16.3%, 러시아 12.0%, 남아공 8.1%로 한국보다 더 높았다. 한국의 공공복지지출은 제3세계 주요 국가보다 더 낮은 것으로 나타나, 한국의 복지가 낙후되어 있음을 알 수 있다.(OECD, 2011, p.74).

5) 이러한 추세는 일본의 경우에도 적용된다. 일본의 자살률은 한국과 더불어 OECD 최고 수준을 보여 주고 있으며, 이는 1990년대

이전 자살률의 2배 정도 높은 자살률이다. 한국의 경우 1990년대 중반에 비해서 자살률이 13.6% 증가하여 증가율로 아시아 최고를 기록했고, 일본은 4.9% 증가하여 카자흐스탄 다음으로 자살률 증가율 3위를 차지했다(OECD, 2011b, p.93).

6) 인구성장 중위가정에 따르면, 총인구는 2010년 현재 4,941만 명에서 2030년 5,216만 명까지 성장한 후 감소하여 2060년에는 1992년 수준인 4,396만 명에 이를 전망이다. 높은 수준의 출산율과 기대수명, 국제 순유입을 가정한 인구 성장 고위가정에 따르면, 총인구는 2041년 5,715만 명을 정점으로 감소하여 2060년에 5,478만 명 수준에 이를 것으로 전망된다. 가장 낮은 수준의 인구성장을 가정한 인구성장 저위가정에 따르면 인구는 2016년에 5,002만 명으로 정점으로 이룬 후, 2060년에는 1974년 수준인 3,447만 명으로 감소할 것으로 기대된다(통계청, 2011c, p.2).

7) '마마보이'는 이러한 유형의 아이들을 지칭하는 대표적인 용어이다. 엄마의 과보호와 과도한 관심 속에서 자라나 자아 발달이 제대로 되지 않아 독립적이고 자율적인 판단과 행동을 하지 못하는 아들을 지칭한다.

8) 이후 논의는 신광영 등, 『대한민국복지: 7가지 거짓과 진실』, 두리미디어, 2010에서 필자가 저술한 제1장과 제8장을 부분적으로 수정 및 보완하고 추가한 것이다.

9) Beverage, William, *Social Insurance and Allied Services*, 1942.

10) Briggs, Asa, "The Welfare State in Historical Perspective", *European Journal of Sociology* 2(2), pp.221~258.

11) G. 에스핑 앤더슨, 박시종 옮김, 『복지 자본주의의 세 가지 세계』, 성균관대학교출판부, 2007.

참고문헌

국내문헌

기획재정부, 「2009년 1인당 국민소득 하락 원인 및 2010년 전망」, 2010.

김왕배, 「자살과 해체사회」, 『정신문화연구』 제119호, 2010.

노대명·강신욱·최현서·류만희·이병희·이상은·전지현, 「근로빈곤층을 위한 자립 촉진지원제도 도입방안」, 한국보건사회연구원 정책보고서 2009-69.

박진희·김용현, 「경제활동 및 직업이력 유형별 경력개발경로 분석: 경력초기를 중심으로」, 한국고용정보원 연구자료 2010-12.

보건복지가족부, 「2008년 한국 아동청소년종합실태조사 결과」, 2009.

신광영, 「한국의 성별 임금격차: 차이와 차별」, 『한국 사회학』 45(4), 2011, pp.97~127.

신동준, 「살인과 자살의 문화적·사회구조적 원인: 머튼의 아노미이론검증을 위한 국가 간 비교 연구」, 『한국 사회학』 38(44), 2004, pp.33~71.

유경현·노용환, 「국가별 패널자료를 이용한 자살률 결정요인 분석」, 『한국경제연구』 18, 2006, pp.59~78.

은기수, 「경제적 양극화와 자살의 상관성: 1997년 외환 위기를 전후하여」, 『한국인구학』, 28(2), 2005, pp.97~129.

이용권, "거리 방치된 노인·아동 1년 새 2배 이상 늘었다", 「문화일보」 2010년 1월 12일자.

인구보건연구원, 「저출산의 사회적 영향과 대책」, 서울: 보건사회연구원.

통계청, 「한국의 사회지표 1990」, 1990.

_____, 「한국의 사회지표 2006」, 2006.

_____, 「한국의 사회지표 2009」, 2009.

_____, 「2010 전수조사」, 2011a.

_____, 「2011 사회조사 결과(복지·사회참여·문화와여가·소득과소비·노동)」, 2011b.

_____, 「장래인구추계 2010~2060」, 보도자료(2011.12.7.), 2011c.

_____, 「2011 고령자 통계」, 보도자료(2011.9.29.), 2011d.

_____, 「2011년 8월 고용동향」, 보도자료(2011.9.21.), 2011e.

외국문헌

Andrews, Dan, Aida Caldera Sanchez and Åsa Johansson, "Housing markets and structural policies in OECD countries", *OECD Economics Department Working Paper No 836,* 2011.

Adema, Willem, Pauline Fron, Maxime Ladaique, "Is the European Welfare State Really More Expensive?" *OECD Social, Employment and Migration Working Papers NO. 124,* 2011.

Briggs, Asa, "The Welfare State in Historical Perspective", *European Journal of Sociology 2(2),* 1961, pp.221~258.

Beck, Ulrich, *Individualization: Institutionalized individualism and its social and political consequences,* London: Sage, 2002.

Copeland, Graig, "Employee Tenure, 2006", *EBRI Notes,* 28(2), 2007, pp.2~11.

Ingelhart, Ronald, *Modernization and Post-modernization: Cultural, Economic and Political Changes in 43 Societies,* New Jersey: Princeton University Press, 1997.

Maddison, Agnus, *Contours of the World Economy 1~2030 AD: Eassays in Macro-economic History,* Oxford: Oxford University Press, 2007.

OECD, *OECD Economic Outlook 2009,* Paris: OECD, 2009a.

_____, *OECD Health at Glance 2009,* Paris: OECD, 2009b.

_____, *OECD Economic Survey: Netherlands,* 2010.

_____, *Society at a Glance 2011: OECD Social Indicators,* 2011a.

_____, *Society at a Glance: Asia/Pacific 2011,* Paris: OECD,

2011b.

_____, *Education at a Glance*, Paris: OECD, 2011c.

Putnam, Robert D, *Bowling Alone: The Collapse and Revival of American Community*, New York: Simon & Schuster, 2000.

Rosenfeld, Richard, Steven F. Messner, Eric P. Baumer, "Social Capital and Homicide", *Social Forces* 80(1), 2001, pp.283~310.

DeNavas-Walt, Carmen, Bernadette D. Proctor, and Jessica C. Smith, *Income, Poverty, and Health Insurance Coverage in the United States: 2010*, U.S. Government Printing Office, Washington, DC, 2011.

US. Bureau of Labor Statistics, Economic News Release, *Employee Tenure Summary*, 2010.

Weitzman, Lenore J., *The divorce revolution: The unexpected social and economic consequences for women and children in America*, New York: Free Press, 1985.

대한민국 리스크-복지편

불안사회 대한민국, 복지가 해답인가

펴낸날	초판 1쇄 2004년 4월 30일
	초판 3쇄 2017년 1월 20일

지은이	**신광영**
펴낸이	**심만수**
펴낸곳	**(주)살림출판사**
출판등록	1989년 11월 1일 제9-210호

주소	경기도 파주시 광인사길 30
전화	031-955-1350 팩스 031-624-1356
홈페이지	http://www.sallimbooks.com
이메일	book@sallimbooks.com

ISBN	978-89-522-1699-1 04080
	978-89-522-0096-9 04080(세트)

089 커피 이야기

eBook

김성윤(조선일보 기자)

커피는 일상을 영위하는 데 꼭 필요한 현대인의 생필품이 되어 버렸다. 중독성 있는 향, 마실수록 감미로운 쓴맛, 각성효과, 마음의 평화까지 제공하는 커피. 이 책에서 저자는 커피의 발견에 얽힌 이야기를 통해 그 기원을 설명한다. 커피의 문화사뿐만 아니라 커피에 대한 일반적인 정보 및 오해에 대해서도 쉽고 재미있게 소개한다.

021 색채의 상징, 색채의 심리

박영수(테마역사문화연구원 원장)

색채의 상징을 과학적으로 설명한 책. 색채의 이면에 숨어 있는 과학적 원리를 깨우쳐 주고 색채가 인간의 심리에 어떤 작용을 하는지를 여러 가지 분야의 사례를 통해 설명한다. 저자는 색에는 나름대로의 독특한 상징이 숨어 있으며, 성격에 따라 선호하는 색채도 다르다고 말한다.

001 미국의 좌파와 우파

eBook

이주영(건국대 사학과 명예교수)

진보와 보수 세력의 변천사를 통해 미국의 정치와 사회 그리고 문화가 어떻게 형성되고 변해왔는지를 추적한 책. 건국 초기의 자유방임주의가 경제위기의 상황에서 진보-좌파 세력의 득세로 이어진 과정, 민주당과 공화당의 대립과 갈등, '제2의 미국혁명'으로 일컬어지는 극우파의 성장 배경 등이 자연스럽게 서술된다.

002 미국의 정체성 10가지 코드로 미국을 말하다

eBook

김형인(한국외대 연구교수)

개인주의, 자유의 예찬, 평등주의, 법치주의, 다문화주의, 청교도 정신, 개척 정신, 실용주의, 과학·기술에 대한 신뢰, 미래지향성과 직설적 표현 등 10가지 코드를 통해 미국인의 정체성과 신념을 추적한 책. 미국인의 가치관과 정신이 어떠한 과정을 통해서 형성되고 변천되어 왔는지를 보여 준다.

058 중국의 문화코드

강진석(한국외대 연구교수)

중국의 핵심적인 문화코드를 통해 중국인의 과거와 현재, 문명의 형성 배경과 다양한 문화 양상을 조명한 책. 이 책은 중국인의 대표적인 기질이 어떠한 역사적 맥락에서 형성되었는지 주목한다. 또한, 구체적이고 실제적인 여러 사물과 사례를 중심으로 중국인의 사유방식에 대해 설명해 주고 있다.

057 중국의 정체성　　eBook

강준영(한국외대 중국어과 교수)

중국, 중국인을 우리는 과연 어떻게 이해해야 하나? 우리 겨레의 역사와 직 · 간접적으로 끊임없이 영향을 주고받은 중국, 그러면서도 아직까지 그들의 속내를 자신 있게 말할 수 없는, 한편으로는 신비스럽고, 한편으로는 종잡을 수 없는 중국인에 대한 정체성을 명쾌하게 정리한 책.

015 오리엔탈리즘의 역사　　eBook

정진농(부산대 영문과 교수)

동양인에 대한 서양인의 오만한 사고와 의식에 준엄한 항의를 했던 에드워드 사이드의 오리엔탈리즘. 이 책은 에드워드 사이드의 이론 해설에 머무르지 않고 진정한 오리엔탈리즘의 출발점과 그 과정, 그리고 현재와 미래의 조망까지 아우른다. 또한 오리엔탈리즘이 사이드가 발굴해 낸 새로운 개념이 결코 아님을 역설한다.

186 일본의 정체성　　eBook

김필동(세명대 일어일문학과 교수)

일본인의 의식세계와 오늘의 일본을 만든 정신과 문화 등을 소개한 책. 일본인을 지배하는 이데올로기는 무엇이고 어떤 특징을 가지는지, 일본을 주목해야 하는 이유는 무엇인지 등이 서술된다. 일본인 행동양식의 특징과 토착적인 사상, 일본사회의 문화적 전통의 실체에 대한 분석을 통해 일본의 정체성을 체계적으로 살펴보고 있다.

261 노블레스 오블리주 세상을 비추는 기부의 역사

예종석(한양대 경영학과 교수)

프랑스어로 '높은 사회적 신분에 상응하는 도덕적 의무'를 뜻하는 노블레스 오블리주. 고대 그리스부터 현대까지 이어지고 있는 노블레스 오블리주의 역사 및 미국과 우리나라의 기부 문화를 살펴보고, 새로운 시대정신으로 노블레스 오블리주를 부활시킬 수 있는 가능성을 모색해 본다.

396 치명적인 금융위기, 왜 유독 대한민국인가 `eBook`

오현규(한국경제신문 논설위원)

이 책은 전 세계적인 금융 리스크의 증가 현상을 살펴보는 동시에 유달리 위기에 취약한 대한민국 경제의 문제를 진단한다. 금융안정망 구축 방안과 같은 실용적인 경제정책에서부터 개개인이 기억해야 할 대비법까지 제시해 주는 이 책을 통해 현대사회의 뉴노멀이 되어 버린 금융위기에서 살아남는 방법을 확인해 보자.

400 불안사회 대한민국, 복지가 해답인가 `eBook`

신광영 (중앙대 사회학과 교수)

대한민국 사회의 미래를 위해서 복지는 선택이 아니라 필수라고 말하는 책. 이를 위해 경제 위기, 사회해체, 저출산 고령화, 공동체 붕괴 등 불안사회 대한민국이 안고 있는 수많은 리스크를 진단한다. 저자는 사회적 위험에 대응하기 위한 복지 제도야말로 국민 모두의 삶의 질을 높일 수 있는 길이라는 것을 역설한다.

380 기후변화 이야기 `eBook`

이유진(녹색연합 기후에너지 정책위원)

이 책은 기후변화라는 위기의 시대를 살면서 우리가 알아야 할 기본지식을 소개한다. 저자는 기후변화와 관련된 핵심 쟁점들을 모두 정리하는 동시에 우리가 행동해야 할 실천적인 대안을 제시한다. 이를 통해 독자들은 기후변화 시대를 사는 우리가 무엇을 해야 할 것인지에 대하여 생각해 볼 수 있을 것이다.

eBook 표시가 되어있는 도서는 전자책으로 구매가 가능합니다.

(주)살림출판사
www.sallimbooks.com
주소 경기도 파주시 문발동 522-1 | 전화 031-955-1350 | 팩스 031-955-1355